Horst Abel

Der Wurstkönig von Mallorca packt aus

*Für meine Frau Larissa Gabriela in Liebe,
die Licht in manche dunkle Erinnerung gebracht
und mir geholfen hat meine Gedanken in Worte zu kleiden.*

Nur wenn du
Sobrassada mit uns isst

Horst Abel

Der **Wurstkönig**
von **Mallorca**
packt aus

Verlag Parzeller

Impressum

ISBN 978-3-7900-0388-8
© by Verlag Parzeller GmbH & Co. KG, Fulda
Umschlag und Layout: Peter Link

Gesamtherstellung:
Parzeller Druck- und Mediendienstleistungen, Fulda

Alle Rechte vorbehalten · Printed in Germany

Zur Person des Autors

Horst Abel wanderte 1970, noch zur Franco-Zeit, als junger Unternehmer nach Mallorca aus. Schnell machte der aus einfachen Verhältnissen stammende Abel Karriere. Durch Presse und Fernsehen prominent, zählt der umtriebige Gastronom und Wurstmacher heute zu den bekanntesten Deutschen der Insel. Abel ist zum zweiten Mal verheiratet und hat vier Kinder. Er wurde am 19. November 1939 in Fulda geboren. Seine Kindheit war schwer: Entbehrungen, Hunger und Bombenangriffe prägten die Kriegszeit. Danach war Abel mehr in Kinderheimen als im Elternhaus. 1954 begann er mit einer Metzgerlehre in Rasdorf bei Hünfeld, das damals direkt an der Zonengrenze lag. Der Wochenlohn betrug drei Mark und reichte noch nicht einmal für die Busfahrt zum Arbeitsplatz. Nach dem Abschluss seiner Gesellenprüfung übte Abel seinen Beruf in Fulda, Frankfurt und Wiesbaden aus. Er erkannte jedoch schon bald, dass man allein mit seiner Hände Arbeit nicht reich werden kann. So machte er sich mit 21 Jahren als freier Handelsvertreter selbstständig. Der richtige Weg: Er war erfolgreich und kam schnell zum großen Geld. Bereits mit 30 Jahren hätte er sich in den Ruhestand begeben können. „Ich verdiente damals mehr als der Bundeskanzler", sagt der 68-Jährige heute.

1970 beschloss er, mit seiner Familie und einem satten finanziellen Polster als Startkapital nach Mallorca auszuwandern, mit dem erklärten Ziel, Millionär zu werden. Bereits nach wenigen Jahren hatte Horst Abel als deutscher Metzger auf der Insel den Traum verwirklicht. Heute wohnt er mit seiner Frau in einer Villa unter Palmen auf der Ferieninsel im Mittelmeer. Horst Abel lebt trotz problematischer Erfahrungen mit der mallorquinischen Gesellschaft und den Insel-Behörden gerne auf Mallorca. Er kennt Land und Leute und hat viele private Kontakte, besonders zur einheimischen Bevölkerung.

Vorwort

„Nur wenn du Sobrassada mit uns isst …" – ein Synonym für die Haltung der Mallorquiner Fremden gegenüber. Es bedeutet: Nur wer sich auf ihre Spielregeln einlässt und sich ihnen unterwirft, hat auf der Insel eine Chance als Geschäftsmann. Horst Abel hat erlebt, was das bedeutet: Neid, böse Schikanen, üble juristische Tricks, manipulierbare Behörden, die eingebunden sind in ein Netz von Interessen und Beziehungen der mallorquinischen Gesellschaft. „Enchufe", Steckdose, nennen die Mallorquiner bildhaft das System, nach dem sie die Wahrung ihrer Interessen regeln. Morddrohungen und Beschimpfungen hat Abel auf Mallorca ertragen müssen, aber auch überaus gastfreundliche Menschen kennen gelernt, die ihm immer wieder beigestanden haben, wenn es darum ging, aus Niederlagen herauszufinden. Am meisten aber haben dem Mann aus Hessen sein Optimismus, seine Zähigkeit und sein Anpassungsvermögen geholfen, als Außenseiter in einer verschworenen Gesellschaft zu bestehen.

37 Jahre, in denen kein Tag langweilig war, in denen sich die Ereignisse oft überschlugen, sind ein Abbild der Zeit, in der Europa unter Schwierigkeiten ein Stück zusammengewachsen ist. Ein spannendes Leben, das ein Mann aus dem Volk schildert, der ein großes Stück weiter gesprungen ist als die meisten. Dabei ist klar: Der Autor nimmt für sich nicht in Anspruch, ein geübter Schriftsteller zu sein, sondern schreibt erfrischend und humorvoll in seiner ihm eigenen Art. Just das macht den Reiz des Buches aus: Horst Abel formuliert, wie er denkt und spricht. Das ist ehrlich, verständlich, volkstümlich und mitunter emotional.

Der Metzger, den Mallorca geformt hat und der selbst ein Stück der Insel-Geschichte geworden ist, verweigert sich auch konsequent einer bürokratischen Chronologie bei der Schilderung seines Lebens. Für ihn besteht der Ablauf aus vielen

Geschichten, die er in Relation zueinander setzt, wenn er es für notwendig hält. Da kommt es schon einmal zu Zeitsprüngen, aber manche Zusammenhänge werden durch die überraschenden Verknüpfungen erst deutlich. Ein spannendes Lebensbild, bei dessen Studium der Leser dem Mann, der gegen viele Widerstände eine einzigartige Karriere machte, mit jedem Kapitel näherkommt.

Eine Gebrauchsanweisung auch für mallorquinische Neubürger nach dem Motto „Aus der Praxis für die Praxis" mit vielen Tipps und Insider-Hinweisen.

Abels Ehrlichkeit birgt freilich auch Risiken: Mallorcas Mafia und muffige Moralapostel werden sich an seinen ungeschminkten Offenbarungen, seinen kritischen Einschätzungen und seinen mutigen Eingeständnissen reiben und darauf reagieren. Damit ist dieses Buch nicht nur Rückschau sondern auch potentieller Ausgangspunkt für neue, spannende Geschichten, die das Leben auf der Insel schreibt.

Volker Feuerstein

Die Drohung

„Wenn du mit deiner Partei weitermachst, werden wir dich liquidieren", sagte der Mann am anderen Ende der Leitung in spanischer Sprache. Geschockt hielt ich den Hörer in der Hand, nachdem der anonyme Anrufer schon wieder aufgelegt hatte. Morddrohungen hatte ich bereits mehrfach bekommen, daran war ich beinahe gewöhnt. Aber dieses Mal war es anders. Ich hatte Grund, die Drohung bitterernst zu nehmen. Ich wusste: Jetzt geht es um dein Leben. Es gab offenbar Mallorquiner, die verhindern wollten, dass jemand seinen deutschen Landsleuten die Chance bot, sich in einer politischen Interessengemeinschaft auf der Insel zusammenzuschließen.

Vor wenigen Tagen erst war ein guter Bekannter, Manfred Meisel, zusammen mit seinem achtjährigen Sohn Patrick und seiner Angestellten Claudia Leisten in seinem Haus in S'Aranjassa, am Rande von El Arenal, grausam ermordet worden. Auch er hatte vorher telefonische Morddrohungen bekommen. Alle drei waren aus nächster Nähe durch Pistolenschüsse hingerichtet worden.

Meisel gehörte mit seiner Disco in der „Schinkenstraße" zu den am besten verdienenden Deutschen auf der größten Balearen-Insel. Sein Lokal „Bierkönig" an der Platja de Palma war das umsatzstärkste gastronomische Unternehmen auf Mallorca. Gut 7000 Hektoliter König-Pilsner-Bier liefen dort pro Saison durch die Zapfhähne. Damit war Manfred Weltspitze. Mit seinem Biergarten – eigentlich war es eine Open-Air-Disco – machte er vergleichbaren Etablissements an der Platja, die von einflussreichen Mallorquinern betrieben wurden und zur mallorquinischen Disco-Mafia gehörten, kräftig Konkurrenz.

Zu dieser Zeit, in den 90er Jahren, hatten die deutschen Boulevard-Medien gleich drei Deutsche zu „Königen von Mallorca" gekürt. Das waren Hasso, der „Mietwagen-König", ich, den man noch heute den „Wurstkönig" nennt, und Manfred Meisel, der „Bierkönig", der nun einem Mord zum Opfer gefallen war. Mir hatte er anvertraut, dass er schon mehrfach Morddrohungen erhalten habe, die Sache aber nicht so ernst nehme. „Außerdem wird mein Haus in S'Aranjassa von einem Rudel Hunde bewacht, da fühle ich mich sicher!", hatte er die Drohungen heruntergespielt. So ganz sicher war er sich seiner Sache aber wohl doch nicht gewesen, denn vorsichtshalber hatte er mit 49 Jahren schon sein Testament gemacht. Jetzt hatte es ihn erwischt.

Das alles ging mir an jenem Tag, im November 1997, durch den Kopf, als ich mit dem Telefonhörer in der Hand im Wohnzimmer meines Hauses in Palma stand. Ich hatte Angst, und ich entdeckte, dass plötzlich Realität war, was ich immer für ein Romanklischee gehalten hatte: Mein Leben auf Mallorca lief wie ein Filmstreifen im Zeitraffer vor meinen Augen ab. Fast wie bei einem Menschen in den letzten Sekunden vor seinem sicheren Tod.

Schon vorher hatte ich mein Haus in Son Vida mit Alarmanlage und Videoüberwachung wie eine Festung gesichert. Eine schussbereite Schrotflinte lag damals und liegt immer noch in Griffnähe neben meinem Bett. Das Wohngebiet wurde und wird darüber hinaus von einer schlagfähigen Privatpolizei bewacht. Aber jetzt fühlte ich mich bedroht und traf weitere Sicherheitsvorkehrungen.

Träume vom blauen Meer

Dabei hatte alles so harmlos, ja, beinahe idyllisch angefangen ...
Als ich morgens aufwachte, hörte ich die Wellen des Meeres an das Ufer vor meinem Hotelzimmer schlagen. Es war Mitte November im Jahr 1969. Zu Hause in Fulda war es jetzt schon

kalt, nass und ungemütlich. Die Sonne schien in mein Zimmer, und ich ging auf die Terrasse. Im Meer badeten noch einige Touristen. In dem kleinen gemütlichen Hotel in Ciudat Jardin in der Bucht von Palma war die Welt noch in Ordnung, keine Spur von Hektik störte die Ruhe. Jetzt, im November, war auf Mallorca vom dem Massentourismus der heißen Sommermonate nichts mehr zu spüren. In den ruhigen Tagen des späten Jahres gehört die Insel wieder den Einheimischen.
Es war mein erster Aufenthalt auf Mallorca. Ich hatte schon vieles über die beliebte Touristeninsel mit Palmen, weißen Sandstränden und blauem Meer gelesen. Aber Dolcefarniente im Ferienparadies war nicht allein der Grund meines Besuches. Ich war von der Idee besessen, etwas Neues in Spanien zu beginnen und mich über die geschäftlichen Möglichkeiten zu informieren, die die Touristeninsel auf halbem Weg zwischen Spanien und Afrika bot.

Mit Bratwurst Millionen machen

Begonnen hatte alles mit meinem Freund Bernd Wasmus, dem Kantinenwirt der Bundeswehr in Augustdorf-Senne. „Mensch, du bist Metzgermeister, und ich kann Spanisch. Lass uns doch einfach Bratwurst in Spanien verkaufen." Mit dieser Schnapsidee hatte mich Bernd genervt, wann immer das Thema passte oder auch nicht. „Denk mal, wie viel Kohle wir als Team machen könnten mit deutschen Bratwurstbuden auf den Touristenstraßen in Spanien. Da wären wir im Handumdrehen richtige Millionäre", argumentierte der Freund. „Rechne doch mal nach: Wenn ein Stand täglich rund 300 Mark Gewinn brächte und wir ließen zehn Buden an 360 Tagen im Jahr offen – das wäre locker über eine Million im Jahr." Das war zwar eine Milchmädchenrechnung, aber sie hörte sich gut an.
Ja, wir wollten Millionäre werden. Und irgendwann hatte Bernd mich überzeugt. „Gut, aber erst werden wir uns bei der

Industrie- und Handelskammer in Bielefeld nach den Möglichkeiten für Deutsche in Spanien erkundigen", entgegnete ich ihm.

Der Mann, dem wir dort von unserem Vorhaben erzählten, schüttelte nur den Kopf – er war von unserer Idee nicht begeistert. „Eine geschäftliche Tätigkeit für Deutsche in Spanien? Da hatte ich in diesem Jahr schon mindestens hundert Anfragen. Ich kann Ihnen nur das eine sagen: Das geht nicht, das ist unmöglich!" Eigentlich wäre damit das Vorhaben für einen normalen Menschen und auch mich schon erledigt gewesen, wenn da nicht das Wort „unmöglich" gefallen wäre. Normal bin ich sowieso nicht, und das Wort „unmöglich" existiert in meinem Wortschatz nicht. Im Gegenteil: Immer dann, wenn andere aufgeben, wird es für mich erst interessant, und ich möchte selbst ausprobieren, warum es nicht gehen soll. Nun wollte ich es also genau wissen und selbst erfahren, warum ein Deutscher in Spanien keine Bratwürste verkaufen darf.

Deutschland unter Schaum

Zu dieser Zeit war ich noch Manager bei einer amerikanischen Firma und verkaufte nach einer Art Schneeballsystem ein Reinigungsmittelkonzentrat unter dem Namen „Swipe", damals bekannt unter dem Werbespruch „I like Swipe". Der Zeitpunkt war wieder einmal gekommen, etwas Neues anzufangen. Er erschien mir günstig, denn der Bedarf an Putzmitteln war in meinem Zuständigkeitsgebiet, das von Fulda bis Bielefeld reichte, gesättigt. Nach einem Jahr „Swipe"-Verkauf lagerte in den Kellern meiner 500 freiberuflichen Mitarbeiter so viel Reinigungsmittel, dass man die ganze Bundesrepublik Deutschland damit unter einer Schaumdecke hätte begraben können. Nach dem Motto „Träume nicht dein Leben lang, sondern lebe deine Träume!" sagte ich mir: Jetzt oder nie! Bernd und ich setzten uns kurzerhand in meinen neuen Mercedes, und wir

starteten an einem regnerischen Wintertag mit einer gut gefüllten Reisekasse Richtung Spanien. In Barcelona angekommen, besuchten wir einige Deutsche, deren Adressen wir uns vorher beschafft hatten. Schnell wurde uns klar, warum man zu dieser Zeit − Franco regierte noch − Spanien als Armenhaus Europas bezeichnete.
Eine nostalgische, heruntergekommene Welt empfing uns: Alles schien mindestens 20 Jahre hinter der deutschen Gegenwart zurück zu sein, und dazu kamen noch der Dreck und Unrat einer großen Hafenstadt, in der die feuchten Fassaden der Häuser langsam verfielen. Schnell überwältigte uns Ernüchterung. Nein, das konnte es nun wirklich nicht sein. Smog, Dreck und bittere Armut − so hatten wir uns die Zukunft in diesem Land nicht vorgestellt. Unser Traum vom Bratwurstmillionär in Spanien schien unter diesen Voraussetzungen zu zerplatzen wie eine Seifenblase. In der tristen Umgebung wollten wir keine Geschäfte machen, hätten aber auch die Lebensumstände nicht ertragen. Die letzte Rettung hieß Flucht.

Eine Hammerlandung

Um unserer Spanien-Reise doch noch etwas Sinnvolles und Angenehmes abzugewinnen, beschlossen wir kurzerhand, einen Ferien-Abstecher nach Mallorca zu machen. Das Auto wurde am Flughafen abgestellt, und wir flogen mit einer alten DC4-Propellermaschine zu jener Insel, die schon damals den Ruf eines Ferienparadieses für Deutsche hatte.
Im Anflug sahen wir bereits das grüne Eiland unter uns, als der Pilot über Bordlautsprecher informierte, es gäbe ein kleines Problem mit dem Ausfahren des Fahrwerks. Allem Anschein nach musste das schon öfter vorgekommen sein, denn ohne jede Hektik wurde der Teppich im Gang aufgerollt und eine Luke geöffnet. Ein Mechaniker stieg dort mit einem dicken Hammer hinab und man hörte einige heftige Schläge, während

wir eine Runde mehr über der Insel drehten. Danach konnte das Fahrgestell ausgefahren werden, und wir landeten problemlos auf dem Flughafen in Palma.

Mit unserem Mietwagen, einem kleinen Seat 600, brachen wir zur Erkundung auf und kamen zuerst auf unserer Fahrt entlang der Küste nach El Arenal. Ja, das hier war schon etwas anderes als das triste Barcelona. Eine warme Novembersonne schien vom blauen Himmel, kilometerlange, weiße Sandstrände erstreckten sich vor einem azurfarbenen Meer. So hatten wir uns den Startplatz für unsere Karriere als Millionäre vorgestellt. Hier gab es ganz offensichtlich auch ausreichend Kunden für unser Projekt. Ältere, überwiegend deutsche Winterurlauber bevölkerten den so genannten „Rentnerpfad", der von Can Pastilla bis zum „Club Nautico" in Arenal am Strand entlangführte. Hier war die Welt in Ordnung, hier gab es Abnehmer für deutsche Wurst. Auf einem Straßenschild in Arenal sahen wir den Hinweis „Deutsche Metzgerei". Wir konnten es kaum glauben: Da gab es auf Mallorca tatsächlich bereits einen deutschen Metzger. Schon war unsere Urlaubsstimmung vergessen, den Mann wollten wir so schnell wie möglich kennenlernen. Durch eine dunkle Gasse gelangten wir zu seinem Geschäft. Unter einer deutschen Metzgerei hatten wir uns allerdings etwas anderes vorgestellt als den Verschlag, den wir dort vorfanden.

Rudi, was kostet dein Laden?

Der kleine Laden am Ende einer schummrigen Passage an der Avenida Nacional war schwarz getäfelt, spärlich beleuchtet und machte einen unfreundlichen Eindruck. Die primitive Verkaufstheke war mit Würsten zugehängt, und erst nachdem der Mann dahinter mit einer Hand lässig die Würste zur Seite geschoben hatte und dazwischen hervorschaute, konnte er uns begrüßen. Nach einer Goldgrube sah das Ganze nicht aus.

Zufrieden und glücklich war Rudi Purschke mit seinem Wurstladen auf Mallorca wohl auch nicht. Das konnte man an seinem deprimierten Gesichtsausdruck unschwer ablesen. In der Bar gegenüber kamen wir bei einem Cortado, der damals noch acht Peseten – das sind umgerechnet 13 Cent – kostete, schnell zur Sache: „Rudi, was soll dein Laden kosten?" Die Frage ging mir leicht von der Zunge: Finanziell war ich zu dieser Zeit gut gestellt, und an Geschäftserfahrung fehlte es mir auch nicht. Durch meine langjährige Tätigkeit als Vortragsverkäufer und erfolgreicher Unternehmer in Deutschland war ich für eine neue Herausforderung gut gerüstet.

Rudi hatte Heimweh, und das Geschäft war schnell gemacht: Wir vereinbarten, ohne lange zu feilschen, dass der Laden für 30.000 Mark den Besitzer wechseln sollte. „Aber du musst mir dann auch noch mein Motorboot für 5.000 Mark abnehmen!", war Rudis Bedingung. Der Verkauf wurde mit Handschlag besiegelt und danach in einer nahen Bar noch mit einigen Bierchen begossen.

Bereits am folgenden Tag wurde das Geschäft abgewickelt. Was ich damals noch nicht ahnen konnte: Rudis kleiner Wurstladen war mein Start zur Karriere als „Wurstkönig von Mallorca". Mit dem Boot hatte ich allerdings weniger Glück. Sonst wäre ich vielleicht Traumschiff-Kapitän geworden. Schon bald stellte sich heraus, dass es sich mehr unter als über Wasser befand, weil es immer wieder absoff, und so nannte ich es „Mein U-Boot".

Lehrjahre an der Zonengrenze

Die finanzielle Transaktion war kein Problem für mich, die Summe tatsächlich Peanuts. Die Zeit, in der ich als Metzgerlehrling in einem kleinen Dorf an der Zonengrenze zunächst drei Mark und später sieben Mark Wochenlohn erhalten hatte, war Gott sei Dank schon lange vorbei. Ich muss noch heute an meine Mutter denken, die mir von ihrem wenigen Geld, über das sie verfügte, für rund 250 Mark Gummistiefel, Ölschürze Metzgerkittel und verschiedene Messer kaufen musste, damit ich meine Lehre beginnen konnte. Der Lehrbetrieb hatte das so bestimmt, und auch noch während der gesamten Lehrzeit musste ich trotz des Hungerlohnes meine Kleidung, Messer und meine persönliche Ausrüstung zur Berufsausübung selbst bezahlen. Es kam öfter vor, dass die Gummistiefel kaputt waren und ich meine Gesundheit ruinierte, da ich bei der Arbeit wochenlang nasse, kalte Füße hatte. Sonntags durfte meine Mutter dann auch noch die dreckige Arbeitskleidung aus der gesamten Woche waschen.

Als „Saustift" von den Gesellen schikaniert, musste ich 10- bis 15-stündige Arbeitstage durchstehen und auch noch am Samstag arbeiten. Im Urlaub half ich meinem Vater als Handlanger beim Bau seines Hauses in Fulda. In den drei Lehrjahren hatte ich jedenfalls nicht einen einzigen Tag für mich. Einziger Lichtblick: Als besonderes Kleidungsstück kaufte ich in meiner Lehrzeit eine modische Strickjacke, die man damals „Parallelo" nannte. Ich konnte sie beim Verkäufer mit einer Mark pro Woche abbezahlen.

Zu dieser Zeit hieß es noch, ein guter Metzger muss dumm und stark sein und darf die Uhr nicht kennen. In meinem Lehrbetrieb der Firma „Wiegand Hessenland Fleischwaren" in Rasdorf, einem kleinen Ort an der hessisch-thüringischen Zonengrenze, wurden die Auszubildenden gnadenlos ausgebeutet. Von wegen Lehrzeit! In Wirklichkeit musste der Lehrling die Drecksarbeit für die anderen machen. Selbst neu angekommene Gesellen flüchteten bei Nacht und Nebel unter Verzicht auf ihren Lohn, um der skrupellosen Ausbeuterfirma zu entfliehen.

Für mich gab es jedoch keine Alternative. Ich hatte beschlossen, Metzger zu lernen, und meine Berufsausbildung wollte ich auf keinen Fall abbrechen, auch wenn ich die Tage einzeln zählte. Der einzige Luxus, den ich mir gelegentlich leistete, waren Kinobesuche in der „Flohkiste", wie das Filmtheater in der Fuldaer Bahnhofstraße genannt wurde. Und im Kino wurde auch mein Traum von einem schöneren Leben geboren. Vor allem wenn das Orchester Mantovani auf grandiosen Terrassen von Herrenhäusern über dem Mittelmeerstrand aufspielte, ging meine Fantasie auf Reisen. Gerne stellte ich mir vor, im weißen Smoking selbst dort zu sitzen. Träume können wahr werden, aber damals ahnte ich noch nicht, dass ich einmal im eigenen Nachtclub so wie meine Filmhelden auftreten würde.

Später, als Metzgergeselle, verdiente ich immerhin 85 Mark in der Woche – schon damals zu wenig zum Leben und zu viel zum Sterben. Mit 20 wechselte ich deshalb meinen Beruf. Ich war nicht auf den Mund gefallen, und ich erkannte schnell: Mit Überzeugungsarbeit ist mehr Geld zu verdienen. So wurde ich Verkäufer, lernte nach einem problematischen Start, wie man Säle füllt, Menschenmassen mitreißt und begeistert. Ich hielt erfolgreich Verkaufsvorträge vor Hunderten von Zuhörern. Mit meinen Sprüchen wäre ich zur damaligen Zeit bestimmt auch ein erfolgreicher Politiker geworden. Meine Besucher konnte ich mit meinen Vorträgen massenweise zum Kauf von Waschgeräten, Wäscheschleudern und später auch von Heizdecken, die ich scherzhaft „medizinische Wärmestrahlengeräte" nannte, bewegen. Vom Metzgergesellen mit einem Hungerlohn wurde ich so innerhalb kürzester Zeit zu einem gut verdienenden Vortragsverkäufer. Das war die schönste Zeit meines Lebens: jung, abenteuerlustig und immer gut drauf. Fast jeden Abend war ich in einem anderen Ort und hatte die Taschen voller Geld.

Schwerer Start nach Peters Rezept

Der Start meiner Karriere als Reisender in Waschmaschinen sah allerdings ganz anders aus. Angefangen hatte meine Karriere jenseits des Metzgerberufes mit meinem Jugendfreund Peter

Buchholz. Bereits mit 19 Jahren fuhr er einen dicken Opel-Kapitän und trug maßgeschneiderte Hemden. „Mensch Peter, wie kommst du an so viel Geld?", wollte ich wissen. „Ich halte jetzt Vorträge und führe Waschgeräte vor." Dabei erklärte er mir, dass er vorzugsweise in kleinen Orten, in der Dorfkneipe abends von 20 bis 22 Uhr seine Geräte vorführte, verkaufte und damit einige hundert Mark in der Woche verdiente. Ich kam ins Grübeln: Da konnte mein Freund in nur zwei Stunden einige hundert Mark verdienen und machte sich dabei noch nicht einmal seine Finger dreckig. Das war schon ein großer Unterschied zu meiner Arbeitssituation. Als Metzgergeselle musste ich täglich gut zehn Stunden arbeiten und bekam dafür am Wochenende gerade einmal 85 Mark. „Peter, darf ich mit dir fahren, ich möchte einmal sehen, wie du das machst", sagte ich zu ihm. Hinter einem Vorhang installierte ich mein Tonbandgerät, um seinen Verkaufsvortrag aufzunehmen. Die Sache faszinierte mich. Von nun an verbrachte ich Nächte im Keller und lernte mit dem Tonband Wort für Wort Peters Vortrag auswendig.

Danach ging ich zur zuständigen Behörde in Fulda, um eine „Reisegewerbekarte" zu beantragen, die für diese Tätigkeit gesetzlich vorgeschrieben war. Der ältere Beamte sah mich entgeistert an. „Jungchen, du hast so einen guten, soliden Beruf gelernt, und jetzt willst du dich auf so etwas Unsolides einlassen. Ich rate dir, überleg das noch mal gut." Schon einige Tage später stand ich mit dem Wäschestampfer und einem Einkochkessel vor einer Gruppe von älteren Hausfrauen, um ihnen etwas von modernen Waschmethoden zu erzählen. Dabei hatte ich schon heftige Zweifel, ob die in Hausarbeit erfahrenen Damen mir das alles abnehmen würden, was ich ihnen von den Rationalisierungsmöglichkeiten ihrer Arbeit erzählte. Trotz meines heruntergestotterten Vortrags und vor Scham erröteten Kopfes hatte ich Erfolg. Ich glaube, die Frauen kauften mir mehr aus Mitleid oder Sympathie etwas ab, als dass ich sie überzeugt hatte.

Badewanne als Bett

Das Geschäft als freier Handelsvertreter entwickelte sich anfangs nicht so, wie ich mir das vorgestellt hatte. Ein festes Gehalt gab es nicht, sondern nur Provision auf die verkauften Geräte. Dagegen standen die Kosten für das Auto, das ich gemietet hatte, für Verpflegung und Übernachtung. Ein warmes Essen gab die Reisekasse nicht her, da war nur Wurst und Brot aus dem Metzgerladen drin. Preiswerte Übernachtungen musste ich mir in den Dorfgasthäusern immer wieder aushandeln. Dabei konnte es auch schon einmal vorkommen, dass ich aus Kostengründen im Badezimmer übernachten musste und die Wanne zum Bett umfunktioniert wurde.

Trotz größter Sparsamkeit war mein Startkapital nach einigen Wochen aufgebraucht. Aufgeben? Nein, das wollte ich auf gar keinen Fall. In dem Buch „Denken und reich werden" – inzwischen vergriffen – hatte ich gelesen, dass der Erfolg nicht das Gegenteil von Misserfolg ist, sondern dass beide Tür an Tür wohnen. Das Entscheidende für den Erfolg sei, so schrieb der Autor, ein bisschen mehr als andere zu leisten. Seine Thesen begeisterten mich, den 21-Jährigen.

Mit etwas geborgtem Geld von meiner Mutter und dem Glauben an mich kam es dann auch so, wie es der Verfasser vorausgesagt hatte. Eines Tages platzte der Knoten – ich hatte mich mit meiner neuen Rolle identifiziert –, und ich begann, richtig Geld zu verdienen. Das Wichtigste dabei war jedoch das gewonnene Selbstvertrauen, das mir für den Rest meines Lebens zugutekam.

Mehr verdient als der Bundeskanzler

Die Hand-Wäschestampfer wurden dann elektrifiziert, und mit einem umgekehrten Staubsaugermotor wurde nun aus einem Düsenkopf Luft in den Waschkessel gepresst, die von nun an

die Wäsche bewegte. Eine große Hilfe für die Hausfrauen, die jede Woche einen Waschtag im Keller verbringen mussten. Waschvollautomaten gab es zu dieser Zeit noch nicht. Unsere Geräte nannten wir „Die neue deutsche Volkswaschmaschine". Schon nach kurzer Zeit war ich als Benjamin der Erfolgreichste unter zwei Dutzend Kollegen, und mein Einkommen war höher als das des damaligen Bundeskanzlers. Nach kurzer Zeit besaß ich ein sechsstelliges D-Mark-Konto.
Mit dem Kapital versuchte ich, die Geräte direkt beim Hersteller einzukaufen. Das gefiel meinem Chef überhaupt nicht, und so wurde ich von ihm mit den Worten „Abel, du bist ein zu großer Streber" kurzerhand entlassen.
Notgedrungen machte ich mich daraufhin mit meinen 21 Jahren selbstständig und ließ von nun an die Waschgeräte und auch die Wäscheschleudern in meinem Auftrag herstellen. Die Gehäuse ließ ich in einer Metallwarenfabrik im Siegerland bauen und emaillieren. Die Endmontage fand dann in Heimarbeit in Fulda statt.
Viele meiner ehemaligen Kollegen liefen schnell zu mir über. Einige wurden Vertreter in meinem Unternehmen, andere kauften ihre Geräte bei mir ein. Das war dann auch das Ende für die Firma meines ehemaligen Chefs. Denn die raffinierten Kerle orderten alle Geräte, die sie in bar verkauften, bei mir und rechneten nur noch ihre unsicheren Ratenaufträge bei der Firma Rainer Arnd ab.
Dabei muss ich immer an die erste Weihnachtsfeier meiner Firma denken. Als der Wirt die Rechnung kassieren wollte, wandte er sich zunächst an einen meiner Vertreter, von dem er glaubte, dieser sei der Firmeninhaber. Nach dem Auftreten und der Erscheinung hätte jeder meiner Vertreter leicht als Firmenchef durchgehen können. Als der Angesprochene die Bezahlung verweigerte und auf mich wies, glaubte der Wirt ihm nicht. Er nahm wohl an, man wolle ihn auf den Arm nehmen und ignorierte mich als Jungspund. Erst als er vergeblich die

Runde bei allen Vertretern gemacht hatte, landete er bei mir, dem Unscheinbarsten der Runde mit den Worten: „Ich weiß, dass ihr ein Spielchen mit mir machen wollt, denn alle behaupten, du wärest der Chef." Erst als ich bezahlte, erkannte er seinen Irrtum.

Lehrgeld trotz vieler Erfolge

Damals zahlte ich trotz aller Erfolge manches Lehrgeld, denn ein junges, geschäftlich unerfahrenes Greenhorn war ein gefundenes Fressen für meine neuen Vertreter, die meisten von ihnen ausgebuffte Ganoven, die versuchten, an mein Geld zu kommen. Sie ließen keinen Trick, keine kriminelle Finte aus, um mich abzuzocken. Nur weil ich wirklich gut verdiente, konnte ich die Niederlagen, die ich dabei zwangsläufig erlitt, verkraften. Heute weiß ich, das war eine wichtige Lehre für meinen weiteren Lebensweg. Kein Seminar und keine Uni hätten mir vermitteln können, was ich durch diese bitteren Erfahrungen lernte.

Nach einigen Jahren kamen dann in Deutschland die ersten Wasch-Vollautomaten unter der Marke „Constructa" auf den Markt, die jedoch noch sündhaft teuer waren. Um auf dem neuesten Stand zu bleiben, fuhr ich auf die Messe nach Köln und entdeckte die italienische Marke „Zoppas", die als erste ihre Waschvollautomaten in Deutschland ausstellte. Mein Selbstvertrauen und die günstigen Preise führten dazu, dass ich noch auf der Messe gleich einige Bahn-Waggons voll Waschmaschinen einkaufte und die Vertretung des italienischen Herstellers für Hessen übernahm. Als mein Vater von diesem Auftrag erfuhr und nachrechnete, dass der Kaufabschluss mit „Zoppas" höher als der Wert seines Hauses war, hielt er mich reif für die Klapsmühle.

Schon nach kurzer Zeit hatte ich den Bogen raus, wie man auch Geräte die über 1.000 D-Mark kosteten – damals sehr viel Geld – in Verkaufsveranstaltungen an den Mann und die Frau bringen konnte. Nach kurzer Zeit hatte ich den Bereich im Umkreis von 100 Kilometern um Fulda mit Wasch-Vollautomaten abgedeckt.

Wer linkt, den bestraft das Leben

Um einen unnützen Konkurrenzkampf zu vermeiden, nahm ich vor der Eröffnung meines Geschäfts, dem Waschautomaten-Markt Abel in Fulda, Kontakt mit der Firma Elektro-Becke auf, die bekannt war durch ihren Slogan „Was Krupp in Essen, ist Becker in Hessen". Auf mein Betreiben hin kamen wir zu einer mündlichen Übereinkunft, uns nicht gegenseitig in unseren Werbeaktionen anzugreifen.

Aber schon am nächsten Tag hielt Becker sich nicht an unsere Vereinbarung, sondern griff mich auf üble Art in einer Zeitungsanzeige in der Fuldaer Zeitung an. Es blieb mir keine andere Möglichkeit, als mich zu wehren, und von nun an begann ein gnadenloser Anzeigen-Krieg, der Achim, dem Annoncen-Verkäufer der Fuldaer Zeitung, über ein halbes Jahr gute Aufträge verschaffte. Die Leser des Blattes verfolgten das Gefecht mit großem Interesse, und es gefiel ihnen sehr, wie sich die beiden Unternehmen öffentlich bekriegten und für sie dabei so manches Schnäppchen abfiel.

Eine solche Gegenwehr hatte Becker, der bis dahin im Fuldaer Raum marktbeherrschend war, nicht erwartet, und als er dann von mir auch noch mit einstweiligen Verfügungen mit hohem Streitwert eingedeckt wurde, waren die Tage der Existenz seiner Firma in Fulda gezählt. Den Gnadenstoß bekam er dann von mir, als ich die Produkte seiner favorisierten Waschautomatenmarke „Lang" zur Hälfte seines Preises verkaufte. Es kam massenweise zur Stornierung der Ratenverträge seiner Kunden, und er war schnell pleite.

So wurde ich zur Nummer Eins in Fulda und der Waschautomatenmarkt Abel zum größten Unternehmen der Branche in Osthessen. Das Geschäft verkaufte ich später bei meinem Umzug nach Mallorca.

Als ich Jahre später einen stadtbekannten Schlägertypen in alkoholisiertem Zustand in einer Kneipe in einer Stadtrandgemeinde von Fulda traf, erzählte der mir, er hätte den Auftrag gehabt, mich umzubringen. Er habe mich dann aber nicht mehr angetroffen. So sei ich davongekommen.

Der Haussegen hängt schief

Wieder von Erkundungsfahrt aus Spanien zurück in der Heimat, ernteten wir wenig Beifall für unsere Pläne in Mallorca. Es gab lange Gesichter und Auseinandersetzungen, als wir unsere Ehefrauen vor vollendete Tatsachen stellten. Sie waren alles andere als begeistert. Spanien war damals für uns ein fremdes Land. In Fulda besaß ich schon ein großes Haus und zwei Mehrfamilienhäuser. Die Immobilien, unseren Freundeskreis und alles, was wir uns in der Fuldaer Heimat aufgebaut hatten, sollten wir jetzt für eine ungewisse Zukunft aufgeben? Das war schon ein Wagnis mit hohem Risiko, denn Mallorca war eine Art provinzieller Polizeistaat ohne fortschrittliche Infrastruktur mit Konditoreien, Supermärkten und Modeboutiquen, eher dem Wilden Westen vergleichbar. Es gab keine deutsche Schule für die Kinder, kein deutsches Fernsehen, und die medizinische Versorgung war nicht gerade Vertrauen erweckend. Kein Wunder, dass der Haussegen schiefhing. Nur widerstrebend fanden sich die Frauen schließlich bereit, mit uns nach Mallorca auszuwandern. Und sie nahmen uns das Versprechen ab, nach höchstens fünf Jahren wieder nach Deutschland zurückkehren zu können.

Die Wohnung in unserem gerade neu erbauten Haus in Fulda wurde aufgelöst und der Hausrat verschleudert. Kleidungstücke und persönliche Gegenstände wurden in Kartons verpackt.

Der Inhalt eines jeden Kartons musste auf einer Liste aufgeführt werden. Die Packliste war für die Einfuhr nach Spanien vorgeschrieben. Jedes Taschentuch, jeder BH und jede Unterhose mussten genau aufgeführt werden. Diese Auflistung wurde dann bei dem Umzug an mehreren Grenzen vom Zoll akribisch überprüft und gestempelt.

Abmeldung bei der Behörde, eine Unbedenklichkeitsbestätigung des Finanzamtes, ein polizeiliches Führungszeugnis und eine Abmeldung beim Kreiswehrersatzamt gehörten zu der Dokumentenflut, die außerdem bewältigt werden musste. Der Beamte versäumte es nicht, mich ausdrücklich darauf hinzuweisen, dass ich weiterhin der deutschen Wehrüberwachung unterläge und im Kriegsfall nach Deutschland zurückkommen müsste. Da ich immer Pazifist aus Überzeugung war, konnte ich ihm dieses Versprechen jedoch nicht geben. Eigentlich war ich froh, der damals aktuellen Bedrohung durch russische Atomraketen ein Stückweit entkommen zu sein.

Tränen beim Einzug auf Mallorca

Bepackt wie beim Auszug aus Ägypten, ging es dann im Frühjahr 1970 schweren Herzens mit dem Umzugsgut in einem geborgten Viehwagenanhänger ab nach Spanien. Mein ältester Sohn Dirk war fünf Jahre alt und meine Ehefrau schwanger. Spanisch sprechen konnten wir alle nicht. Und das damals noch auf der Insel verbotene und für uns geradezu exotische Mallorquin – heute die offizielle Inselsprache – war uns gänzlich unbekannt. Mallorca war in dieser Zeit nur etwas für Touristen oder Abenteurer, aber kein sehr angenehmer Ort für deutsche Frauen, wenn sie hier leben mussten. Kontakte zur einheimischen Bevölkerung waren schwierig. Die primitiv eingerichteten Wohnungen an der Platja in Arenal waren im Winter kalt und feucht, und unsere Garderobe schimmelte im Kleiderschrank. Eine Zentralheizung gab es nicht, geheizt wurde mit stinkenden Propangas-Heizöfen. Farbfernsehen und Satellitenempfang kamen erst viel später, nicht einmal einen deutschen Sender bekamen wir auf der Insel. Kein Wunder, dass beide Frauen bei unserer Ankunft und dem Einzug in ihr neues Zuhause in Tränen ausbrachen.

Weihnachten in der Badehose

So wurde das erste Weihnachtsfest auf der Insel 1970 – ohne Tannenbaum und Schnee, aber mit viel Sonne – ein Trauerspiel. Ich saß noch an Heiligabend mit der Badehose auf dem Balkon, als meine Frau Ingrid einen zerrupften, kleinen Pinienbaum so gut es ging weihnachtlich schmückte. Statt des Duftes nach der gewohnten Weihnachtsgans roch es nach gebratener Pute, und aus einem kleinen Kassettenrecorder krächzten ein paar deutsche Weihnachtslieder. Richtige Weihnachtsstimmung wollte da nicht aufkommen. Ein geruhsames, besinnliches Weihnachtsfest in unserem Sinne feiern, nein, das können die Inselbewohner nicht. Am liebsten hätten wir da unsere Sachen gepackt und wären schnell einmal in die Heimat gejettet. Aber das war damals noch nicht so einfach wie heute. Und jetzt aufgeben, das kam schon gar nicht in Frage.
So flogen wenigstens unsere Gedanken nach Hause. Wir stellten uns unser neues Haus in Fulda vor, mit Zentralheizung, Einbauküche, Farbfernseher, neuen Möbeln und hübschen Gardinen. Wir träumten davon, vor dem offenen Kamin zu sitzen, abends mit dem neuen Mercedes durch verschneite Straßen in die Christmette zu fahren und Weihnachtslieder zu singen.
Aber wir erlebten nur das Kontrastprogramm: eine kalte, schlecht beheizte Wohnung mit hässlichen Plastikmöbeln, Krach und Böllerschüssen statt Weihnachtsmusik. Die Mallorquiner feiern das Fest anders als die Deutschen, auch wenn inzwischen manches aus unserem Brauchtum Einzug gehalten hat.

Auf halbem Weg nach Afrika

Um dieser Atmosphäre zu entfliehen, entschlossen wir uns am nächsten Tag, mit Neckermann einen Ausflug zu unseren Mittelmeer-Nachbarn nach Algerien zu machen, wo wir natürlich auch keine Weihnachtsstimmung fanden. Das Einzige, was dort an Weihnachten erinnerte, war ein großer, in kindlicher Art gemalter Weihnachtsbaum am Fenster des Flughafens in Algier. Das Leben und Treiben nahm in der Stadt seinen gewohnten, alltäglichen Verlauf. Weihnachten, was ist das? Mit unserem Christfest hatten die Algerier nicht viel am Hut. Als wir dann abends mit unserer alten klapprigen Propellermaschine wieder nach Mallorca zurückkamen, waren wir froh, dass die Insel doch nicht ganz in, sondern nur auf halbem Weg nach Afrika lag.

Heutzutage ist es auch bei einem Teil der Inselbevölkerung Mode geworden, sich zu Weihnachten einen echten Tannenbaum in die Wohnung zu holen, und die Straßen werden zu dieser Zeit mit bunten Lichtern weihnachtlich geschmückt. Dennoch vermisse ich das deutsche Weihnachten mit Schnee, dem Geruch nach Tannen und Glühwein. Dann bekomme ich immer noch Heimweh und setze mich mit meiner Frau in den Flieger in die alte Heimat. Dann besuchen wir verschiedene Weihnachtsmärkte, freuen uns auf festlich mit Tannenzweigen und Lichtern geschmückte Straßen und Plätze, auf die frische Kälte, den Schnee und darauf, mit alten Freunden bei einem Glas Glühwein zu plaudern.

Zucker oder Schnee?

Meine erwachsenen Kinder feiern mit ihrem Nachwuchs und ihren mallorquinischen Freunden lieber laute Weihnachten auf Mallorca mit spanischem Essen, Discobesuch und Böllerschüssen. Für sie ist jetzt die Mittelmeerinsel mit all ihren Sitten und Gebräuchen zur neuen Heimat geworden. Und wenn sie mal länger als drei Tage in Deutschland sind, bekommen sie Heimweh nach ihrem Zuhause, nach Mallorca.

Früher, als sie noch klein waren, fuhren wir mit unserem spanischen Kleinwagen zur Weihnachtszeit nach Deutschland zu Besuch zu Oma und Opa und zu den Verwandten in die Rhön. Ich kann mich noch sehr gut daran erinnern, wie meine Tochter Alexandra zum ersten Mal in ihrem Leben Schnee sah und zu mir auf Spanisch sagte: „Papa, Papa, guck mal überall Zucker." Dabei meinte sie Raureif und Schnee, die die Bäume schmückten.

Während wir versuchten, uns mit der neuen Umgebung und der mallorquinischen Gesellschaft zu arrangieren, kapitulierte Bernds Frau damals vor einer Welt, die ihr fremd war und ihr nicht ihren gewohnten deutschen Lebensstandard bieten konnte. Sie wollte unter allen Umständen wieder zurück in die Heimat, in ihr gepflegtes Zuhause. So stellte sie den Partner vor die Alternative, zurück in die Heimat oder Ehescheidung. Bernd gab schweren Herzens alle Mallorca-Pläne auf und entschied sich für seine Ehe. Er war nicht mehr mit von der Partie. Wir, meine Frau, die Kinder und ich, hielten jedoch weiter die Stellung auf Mallorca, denn vorzeitig aufhören war keine Alternative. Nach dem Motto „Was uns nicht umbringt, macht uns nur stärker" verfolgten wir weiter unser Ziel.

Start mit Frikadellen

In unserem neuen Laden, in dem meine Frau Ingrid täglich hinter der Theke stand, verkauften wir belegte Tatarbrötchen und selbstgebackene Frikadellen, die wir in der Mittagspause in der Wohnung gebraten hatten. Außerdem gab es Fleischbrühe und Bockwurst, alles für Pfennigbeträge. Mehr war zunächst nicht drin, denn der Laden hatte nur eine knapp zwei Quadratmeter große Mini-Küche mit einem kleinen zweiflammigen

Propangasherd. Eine Gaststättengenehmigung gab es für das Geschäft auch nicht. Also durften wir eigentlich auch keine Getränke verkaufen. Wir hätten gerne Bier, Cola oder deutschen Kaffe angeboten, dafür besaßen wir jedoch keine Lizenz, und unser mallorquinischer Nachbar mit seiner Cafeteria achtete akribisch darauf, dass wir ihm mit den Getränken keine Konkurrenz machten.

Der Tagesumsatz lag bei umgerechnet zwischen 200 bis 300 Euro. Die Kundschaft bestand vorwiegend aus deutschen Touristen. Wir leisteten uns einen gebrauchten Citroën als Firmenwagen, den wir – solange Bernd noch dabei war – im Wechsel auch privat nutzten. Jeden Morgen fuhren wir nach Palma, um die benötigten Waren, wie Wurst, Eier, Milch, Hackfleisch, Mehl, Gewürze, Öl und Servietten einzukaufen. Nur die Brötchen vom deutschen Bäcker Panima wurden angeliefert und hingen schon früh morgens an der Türklinke des Ladens.

Nach einem Millionengeschäft sah das alles zunächst nicht aus. Die Gewinne reichten anfangs gerade für die beiden deutschen Familien zum Überleben aus. Im Grunde war die Geschäftsbasis schwach: Die Wurstwaren, die wir kauften, entsprachen nicht annähernd dem deutschem Qualitätsstandard. Die Leberwurst roch übel, die Bockwurst war zu fett, der Aufschnitt war grau, und als typisch deutsch konnte man die übrigen Wurstwaren auch nicht bezeichnen. Dennoch ging es bald aufwärts. Und vor allem im Sommer lief das Geschäft gut.

Hausfrauen als Lynch-Kommando

Mit dem Kapitalpolster, das ich in Deutschland erworben hatte, kaufte ich meinen Lieferanten, die Firma Bock S.A. in Palma auf, um an die zwar veralteten, aber noch brauchbaren Metzgerei-Maschinen zu kommen. Die so genannte „Fabrica" befand sich in Palma in der Calle Despuig mitten in einem Wohnviertel und hatte eine Fläche von rund 150 Quadratmetern.

Zuerst musste der Betrieb mehrere Tage einer gründlichen Reinigung unterzogen werden. Dabei stellte sich heraus, dass es keinen Wasserabfluss gab, für eine hygienisch einwandfreie Wurstherstellung eine Grundbedingung.

Als ich dann mit der Wurstfabrikation beginnen wollte, tauchten die nächsten Probleme auf. Arglos hatte ich damit begonnen, meine Wurst zu räuchern, als plötzlich eine Gruppe von weiblichen Hausbewohnern vor meiner Türe standen, die mir mit Besen und sonstigen Hausratsgegenständen laut drohten, mich zu lynchen, wenn ich nicht augenblicklich den Rauch abstellen würde. Sämtliche Wohnungen in dem zehnstöckigen Haus waren voller Qualm, da alle Kaminanschlüsse undicht waren und es für die „Wurstfabrik" keinen eigenen Rauchabzug gab. Notgedrungen musste ich das Räuchern meiner Wurst einstellen.

Um das Problem vorübergehend zu lösen, mietete ich am Stadtrand ein Gartenhäuschen als Räucherkammer. Mein Helfer Pepe, den ich in dieser Tätigkeit anlernte, verbrachte dann dort so manche Nacht beim Räuchern von deutscher Wurst. Das Ergebnis war allerdings unbefriedigend, es fehlten Wasserbehälter und vieles andere.

Würste im Pool

Das war auf Dauer gesehen aber keine Lösung, und so kaufte ich den Betrieb meiner damaligen Konkurrenz, der „Bavaria-Wurstwaren" von der Familie Adolfo Grund. Nachdem sie ihre Wurstherstellung in dem bekannten Lokal „Tirolia" in Palmas Nachtviertel in der Calle Apuntadores hatten schließen müssen, war die „Fabrikation" in das Untergeschoss ihrer Villa an den Stadtrand von Palma verlegt worden. Als ich den Betrieb übernahm, sah ich zum ersten Mal in meinem Leben, wie die Würste zum Abkühlen in einem Swimming-Pool unter freiem Himmel schwammen und nachher zum Auskühlen unter

Orangen- und Zitronenbäumen aufgehängt wurden. Mit solchen – gewiss originellen, aber wenig hygienischen – Provisorien konnte ich als Metzgermeister nicht leben. Halbe Sachen und Dauerprovisorien waren mein Ding nicht.

Als Konsequenz mietete ich im Industriegebiet „Can Valero" eine 800 qm große Industriehalle, die ich mit modernen Kühl- und Gefrierräumen, Maschinen und zeitgemäßer Einrichtung ausstattete. So entstand Mallorcas modernste deutsche Wurstfabrik. Ich gründete die Firma Abel S. A., die 1972 ihren Betrieb aufnahm. Jetzt endlich war ich in der Lage, als Einziger auf Mallorca einwandfreie deutsche Wurst- und Fleischwaren nach meiner Vorstellung und mit meinen Rezepten herzustellen. Innerhalb weniger Jahre wurden meine deutschen Wurst- und Fleischwaren ein Begriff, nicht nur auf der Insel.

Bald entwickelten sich meine Wurstfabrik und die angeschlossenen Geschäfte zu einem marktbeherrschenden deutschen Großunternehmen auf Mallorca. Mir war von Anfang an klar gewesen, dass nur gute deutsche Wurstqualität der Schlüssel zum Erfolg sein konnte. Schmackhafte Wurst nach hessisch-thüringischen Rezepten herzustellen, das hatte ich gründlich erlernt.

Abels Wurst geht in die Luft

Abels Wurstwaren wurden denn auch rasch über die Inselgrenzen hinaus bekannt und beliebt. Unter anderem wurde Abel-Wurst auf den Spanienflügen von Lufthansa und Condor serviert. Bei der LTU bekamen die Fluggäste sogar exklusiv auf allen Spanien-Flügen Abels Wurstwaren. Somit lieferten wir meine Wurst zu allen spanischen Flughäfen.

Zu meinen Kunden gehörten die besten Hotels von Mallorca und auch einheimische Lebensmittelgeschäfte. Die Firma Abel S. A. wuchs schnell und gab mir die Möglichkeit, in kurzer Zeit ein Filialnetz unter dem Namen „Deutsche Imbiss Metzgerei" und „Alt Frankfurt Gaststätten" auf der ganzen Insel zu installieren. In kurzer Zeit gab es 20 Betriebe an allen wichtigen Urlaubsorten Mallorcas. Mein Konzept der 50-prozentigen Beteiligung der Betreiber war der Schlüssel zu diesem schnellen Erfolg.

Neben der Beschaffung der Rohware und Zutaten hatte ich jetzt allerdings auch ein Personal-Problem. Gelernte Metzger mit einer abgeschlossenen Berufsausbildung gab es in Spanien nicht, und die Arbeitsgenehmigung für deutsches Personal war ein Dauer-Problem bei den spanischen Behörden. Mit der Zeit gelang es mir aber, mallorquinisches Personal für meinen Betrieb anzulernen. Hygiene und Produktqualität sind in meinen Betrieben nie zu beanstanden. Dennoch kontrollieren die Behörden heute alles ganz genau. Und dabei wird – wie bei Einheimischen und Zugereisten sonst auch – mit zweierlei Maßstab gemessen.

Ein gutes Beispiel dafür ist das Fest des Heiligen Sebastian in Palma.

Palma in Feuer und Flammen

Menschenmassen mit prall gefüllten Plastiktüten, mit Rucksäcken und Basttaschen, aus denen lange Baguette-Brote und Weinflaschen herausragen, ziehen nach Einbruch der Dunkelheit mit Kind und Kegel in Richtung Stadtmitte. Ganz Palma ist in dieser Nacht auf den Beinen, und es ist Brauch, sich von Platz zu Platz in der Menschenmasse treiben zu lassen.

Nachdem das Stadtoberhaupt traditionsgemäß am frühen Abend den ersten Scheiterhaufen im Zentrum persönlich in Brand gesetzt hat, beginnt Palmas größtes Grillfest am Vorabend zu Ehren des Stadtpatrons San Sebastian.

Die Einheimischen sind dabei unter sich, denn Touristen gibt es im Januar nur wenige in Palma. Auf allen großen Plätzen hat die Stadtverwaltung große Feuerstellen errichten lassen.

Die zum Teil meterhoch aufsteigenden Flammen erleuchten die nächtliche Altstadt und wärmen die Menschen, die sich um das Feuer versammelt haben. Rauchschwaden mit dem Geruch nach verbranntem Fleisch ziehen sich durch die gesamte Innenstadt.

Zum Grillen eignen sich diese lodernden Flammen weniger gut, denn einerseits kommt man durch die ausstrahlende Hitze der Feuer kaum an den Grill heran, andererseits verbrennen die Butifaras (schmackhafte stark gewürzte mallorquinische kleine Würstchen aus Schweinefleisch, ein Mittelding aus Blut- und Leberwurst), die Schweinekoteletts und die Scheiben aus frischen Schweinebauch augenblicklich, noch bevor sie gar sind. Trotzdem wird gegrillt, was das Zeug hält, denn Fleisch und Wurst über offenem Feuer zu grillen, ist eine Leidenschaft der Inselbevölkerung. Auch für mich ist Grillfleisch ein Hochgenuss, wenn es, wie sonst üblich, langsam über glühenden Kohlen oder Holzstücken gegart wird.

Was aber jetzt abläuft, sprengt alle Regeln der Vernunft sowie der Grillkunst. Verkohltes Brot, und schwarz verbranntes Fleisch und hartgebrannte Würstchen sieht man auf den Plastiktellern derer, die sich einen Platz am Grill erkämpfen konnten. Insgesamt hat es 540 Genehmigungen im gesamten Stadtgebiet gegeben für die Aufstellung der Feuerstellen, die Foguerons genannt werden.

Mit der sonst in Europa üblichen Hygiene und der Kenntnis über den Standard für unbedenklich genießbares Essen hat das alles nichts mehr zu tun. Die gesetzliche Hygiene-Aufsicht wurde für diesen wohl europaweit einmaligen Event anscheinend außer Kraft gesetzt. Es fehlt auch im gesamten Stadtbereich an geeigneten Möglichkeiten, die Grill-Mahlzeit anschließend menschenwürdig zu verzehren.

Nachdem man alle möglichen Unterlagen wie Mülltonnen, abgestellte Autos oder auch Fensterbrüstungen im Beschlag genommen hat, bleibt denjenigen, die es mit der Sauberkeit und der Zivilisation des Abendlandes nicht so genau nehmen, nur noch die Möglichkeit, ihr Picknick auf dem Bordstein neben der Gosse oder auf dem Boden der Gehwege und Plätze auszubreiten. Dass diese Orte verdreckt und nachts von streuenden Hunden, Katzen und Ratten bevölkert sind, stört anscheinend niemand.

Wenn ich bedenke, mit welchen oft nicht nachvollziehbaren Vorschriften mir die Hygiene-Hüter in meiner Wurstfabrik oder meinen Gaststätten auf den Geist gehen, immer darauf aus sind, mich mit saftigen Bußgeldbescheiden einzudecken , und wenn ich dann dieses Kontrastprogramm sehe, verstehe ich die Welt nicht mehr.

Wenn einige hunderttausend Euro für das Fest-Programm ausgegeben werden, bei dem gleich an sieben verschieden Plätzen Konzerte von international renommierten Bands zu Ehren des Stadtpatrons auf groß aufgemachten Bühnen stattfinden, stellt sich für mich die Frage, ob man dann nicht noch einige Euros für ein paar Tische oder wenigsten einige Essbretter hätte investieren können.

Der eigentliche Festtag wird am 20. Januar von der Bevölkerung gefeiert. Als Abschluss wird am Abend auch ein grandioses Feuerwerk am Meer zu Palmas größtem Feiertag gezündet.

Die Fleisch-Diktatur

Ein anderes Problem war nach dem Start als Großmetzger die Fleischbeschaffung. Die lag ausschließlich in den Händen der mallorquinischen Fleisch-Mafia. Da es zur Franco-Zeit keine Möglichkeit gab, ohne die entsprechende Lizenz Fleisch zu importieren, war ich ihr zunächst auf Gedeih und Verderb ausgeliefert. Die Lieferanten bestimmten, wie viel Fleisch und welchen Preis ich für meine Produktion bekam. Oft belieferten sie mich nur dann, wenn ich ihnen im Gegenzug Wurst lieferte. Auch dafür bestimmten sie den Preis.

Es dauerte eine gewisse Zeit, bis es mir gelang, der ehrenwerten Gesellschaft beizutreten. Ohne viel darüber nachzudenken, zählen sich auch heute noch Personen oder Firmen auf Mallorca, die eine marktbeherrschende Rolle innehaben, zur Mafia. Auf der Insel hat die Bezeichnung denn auch nicht die gleiche Bedeutung wie in Italien. Auf Mallorca geht es in der Regel nicht um Erpressung, Mord und Drogen. Die Mafia gilt vielmehr als der Zusammenschluss von geschäftlichen Interessengemeinschaften zum Zweck der Marktbeherrschung.

Dabei ging es in den Kreisen, in denen ich zum Teil als einziger Deutscher noch heute eingeladen werde, nicht um unseriöse oder kriminelle Angelegenheiten, sondern um Geschäftsbeziehungen und Erfahrungsaustausch nach mallorquinischer Art. Der fand und findet fast immer im Rahmen eines guten Essens statt, das sich oft von mittags bis in den Abend hinzieht.

Als ich seinerzeit in den Kreis der mallorquinischen Wurst- und Fleischfabrikanten aufgenommen wurde, trafen wir uns jeden Freitag in einer unscheinbaren Bar in Palma an der Placa Mayor. Die angeblichen Marktpreise für Fleisch, die dann in der folgenden Woche in der Tagespresse als Richtpreise bekannt gegeben wurden, hatten wir vorher bestimmt. Nachdem Spanien der Europäischen Union beigetreten war und wir dann unser Fleisch zollfrei europaweit per Container einkaufen konnten, wurden diese Preisabsprachen allerdings bedeutungslos.

Das lachende Schwein

Natürlich kümmerte ich mich schon damals um das Marketing für unsere Produkte. Heutzutage werden die Entwürfe für die Werbesignets schnell und einfach am Computer hergestellt, oder man übergibt sie einer Agentur, die dann passende Vorschläge macht. Auf Mallorca war Marketing noch ein gro-

ßes Problem für mich. Ein Firmenzeichen nach meinem Geschmack zu entwickeln oder Werbeanzeigen zu gestalten, dauerte oft Monate. Das machte dann ein Dibuixant, also ein Zeichner.
Ich hatte mir vorgestellt, in meinem Firmen-Logo ein lachendes Schwein zu haben. Immer wieder hatte ich neue Termine in dem Werbebüro, aber der Schweinekopf lachte nicht, und der Zeichner bekam das einfach nicht auf die Reihe.
Zum Schluss einigten wir uns darauf, dass ich ihm einen Schweinekopf bringen solle. Also schnitt ich der toten Sau den Kopf ab und brachte ihn in sein Büro. Dort wurde er auf seinem Schreibtisch platziert. Der Dibuixant machte sich dann alle möglichen Zeichnungen von der Sau. Und tatsächlich, als ich das nächste Mal kam, konnte er mir freudestrahlend das Bild vom lachenden Schwein präsentieren, das für viele Jahre das Markenzeichen für meine Wurstwaren wurde. Selbst die Autobusse von Palma nach El Arenal fuhren mit dem lachenden Schwein durch die Innenstadt.
Es gab Mallorquiner, denen das gar nicht gefallen hat. Petro, einer der leitenden Finanzbeamten, die mir gerne eins ausgewischt hätten, sagte zu mir „Immer wenn ich hinter dem Autobus herfahre und das lachende Schwein sehe, denke ich die Firma Abel lacht mich aus."
Da die Arbeit mit meinem mallorquinischen Grafiker sehr zeitraubend war, sah ich mich nach einer anderen Möglichkeit um. Ich hörte von einigen Deutschen, die Werbespots einfach am Computer entwerfen konnten. Das gab es, meines Wissens zu dieser Zeit – es war das Jahr 1987 – auf Mallorca noch nicht.
So lernte ich Matthias Kühn kennen, der gerade dabei war, seine Maklerfirma Kühn und Partner auf Mallorca zu etablieren. Im Keller seines Hauses saßen Mitarbeiter, die an modernen Computern hochprofessionell Werbergrafiken kreierten. Gegen Bezahlung war man bereit, vorübergehend auch die Werbung für die Abel-Betriebe nach meinen Vorgaben für

mich zu erledigen.

Zu dieser Zeit hörte ich von mehreren Deutschen, die damit begannen, sich in das Maklergeschäft einzuklinken, das bis dahin nur in mallorquinischen Händen war.

Fincas, deren landwirtschaftliche Nutzung nicht mehr rentabel war, in der Regel mit etwa 7.000 qm Land, konnte man zu dieser Zeit noch teilweise so umgerechnet für rund 60.000 Mark kaufen. Es gab deutlich mehr Angebote als Nachfragen, und die mallorquinischen Verkäufer waren froh, wenn sie ihre unfruchtbaren Steinwüsten mit teils verfallenen, bäuerlichen Wirtschaftsgebäuden gegen bare Münze vorzugsweise an Ausländer verkaufen konnten.

Ich muss zugeben, auch ich kam damals ins Grübeln, ob es nicht sinnvoll wäre, in das Immobiliengeschäft einzusteigen. Man konnte es förmlich riechen, dass die Zeit dafür reif war, die bis dahin noch preiswerten mallorquinischen Immobilien bei den zahlungskräftigen Deutschen an den Mann zu bringen. Schließlich kam ich jedoch nach dem Motto „Schuster, bleib bei deinen Leisten!" von der Idee wieder ab. Denn über geschäftlichen Erfolg konnte ich mich ja auch nicht beklagen. Der Firma Kühn und Partner und anderen deutschen Maklern sagte man später von mallorquinischer Seite nach, sie trügen die Hauptschuld an dem rasanten Preisanstieg für Wohnungen, Fincas und Baugrundstücke. In der Tat sind heute die Immobilienpreise auf Mallorca etwa doppelt bis dreimal so hoch wie in Deutschland.

Das trifft insbesondere die jungen Ehepaare, für die es jetzt im Normalfall ohne die Hilfe der Eltern nicht mehr möglich ist, sich – wie früher üblich – eine eigene Wohnung zu kaufen. Gleichwohl muss man klarstellen, dass überwiegend Einheimische von dem Immobilienboom profitieren, denn letzten Endes landet der Verkaufserlös in ihren Taschen. Das Ergebnis von Tourismus und solchen Geschäften: Mallorca gehört heutzutage zu den reichsten Regionen in Europa.

Immobilienverkauf auf dem Stoppelfeld

Dabei muss ich immer daran denken, wie das mit dem Kauf von Immobilien auf der Insel einmal angefangen hat, und vielleicht sollte man sich hin und wieder daran erinnern, wie man einst die ersten Deutschen auf die Insel geholt und dabei gute Geschäfte gemacht hat.

„Hallo, Herr Kollege, ist das Eckgrundstück noch frei, ich habe hier einen Interessenten dafür", hallte es über die Köpfe der etwa fünfzig Personen starken deutschen Gruppe hinweg. Jeder der fünf Verkäufer hatte eine Flüstertüte in der Hand, und damit konnte man die zunächst noch Unentschlossenen aus Alemania anheizen. „Nein, Herr Kollege, ich bin mit dem Herrn Mayer am verhandeln und kann den Bauplatz noch nicht frei geben", schallte es auf dem verlassenen Stoppelfeld zurück.

Es ist das Jahr 1970, die Nachkriegsdeutschen hatten sich ihre Urlaubsträume im sonnigen Süden schon erfüllen können. Jetzt galt es als „in", sich auch nach einem Eigentum unter Palmen und Orangenbäumen umzusehen. Kapital für ein Ferien-Domizil war vorhanden und in Spanien noch fast alles spottbillig zu haben.

Die Firma „Kontrakta" aus Stuttgart machte als Erste das große Geschäft mit den Ferienhäusern im Süden.

Der Verkauf der Spanien-Immobilien wurde in einer Art Werbeveranstaltung organisiert. Die Firma charterte komplette Flugzeuge und bot einen mehrtägigen Spanienurlaub an. Den ersten Stopp legten die vermeintlichen Feriengäste an der Costa Brava ein. Schon beim Einchecken in Deutschland hatten sich die provisionsgeilen Verkäufer unter die ahnungslosen Touristen gemischt, und auf dem Flug wurden die ersten freundschaftlichen Kontakte hergestellt. Nach der Landung ging es mit den bereitstehenden Bussen sofort zum Kontrakta-Baugelände, Grundstücke, die man für ein lächerliches Handgeld erworben hatte. Diese wurden dann in Miniparzellen aufgeteilt. Angeboten wurden meistens schüsselfertige kleine Reihenhäuser zum Endpreis von rund 30.000 Mark. Wenn die verdutzten Deutschen irgendwo in der Wildnis abgeladen wurden, gehörte schon eine Menge Überzeugungskraft der Verkäufer dazu, den Urlaubern den Kauf eines Ferienhäuschen in Spanien schmackhaft zu machen.

Die kleinen Parzellen waren mit gekalkten Linien mitten auf dem Feld aufgezeichnet. Die Baugrundstücke waren in den meisten Fällen noch nicht erschlossen, und so gab es auch noch keine Gehwege und Straßen, kein Wasser und keine Kanalisation. Trotzdem gelang es den cleveren Verkäufern, meist kurz nach der Landung die ersten Verträge für Grundstücke auf dem spanischen Festland abzuschließen. Da noch eine weitere Besichtigung auf Mallorca und ein Stopp auf den Kanarischen Inseln auf dem Programm standen, wurde den überrumpelten Käufern in Aussicht gestellt, gegebenenfalls das gerade erworbene „Traumgrundstück" gegen eine andere, noch wertvollere Bodenimmobilie tauschen zu können. Von da an waren die Deutschen für den Rest ihres Spanien-Aufenthaltes den Verkäufern gnadenlos ausgeliefert, ohne Chance, sich den Verkaufsgesprächen entziehen zu können.

Am nächsten Tag kam die Gesellschaft der Immobilienkäufer auf Mallorca an und wurde von Rudolf Prochaska, einem guten Bekannten von mir, in Empfang genommen.

Da ich mich für das Schauspiel – Häuser wie warme Semmeln im Dutzend zu verkaufen – interessierte, durfte ich die Gruppe begleiten. Vom Flugplatz aus, ging es auf dem direkten Weg zum Gelände, das sich heute „Costa de la Calma" nennt. Bereits nach dem Verlassen des Autobus wurde es hektisch, denn die Verkäufer hatten ihre neu gewonnenen Freunde heiß gemacht und ihnen geraten, sich sofort die besten Grundstücke zu reservieren, nach dem Motto: „Wer zuerst kommt, mahlt erst." Die Kaufverträge wurden sofort an Ort und Stelle

auf einem Verkaufsblock der Firma mit insgesamt drei Durchschlägen ausgefertigt und unterschrieben.
Die Grundstücke waren mit losen Steinen markiert, und unter einem dieser Ecksteine wurde dann auch ein Durchschlag des Kaufvertrages zur endgültigen Beurkundung deponiert. Der Rest war großes Gottvertrauen.
„Das Eckgrundstück ist leider schon verkauft", hallte es jetzt durch den Handlautsprecher über die Köpfe der anderen Immobilienkäufer hinweg.
Das alles geschah natürlich mit dem Segen der Mallorquiner, die heute über die deutschen Einwanderer und die gestiegenen Immobilienpreise klagen.

Das Steuerparadies Mallorca

Aber auch mein Geschäft blühte, und in der Franco-Zeit war es möglich, bei geringen Steuerbelastungen Millionen legal zu verdienen. Man zahlte eine Pauschalsteuer und konnte den Restgewinn netto behalten. Ich wurde mit meinen Unternehmen zum größten gastronomischen Steuerzahler der Insel. Dennoch betrug meine jährliche Steuerlast nicht einmal ein Prozent vom Umsatz. Goldene Zeiten, von denen man in Deutschland auch damals nur träumen konnte.
Einfach war es trotz allem nicht, als Ausländer deutsche Wurst herzustellen, zumal ich damals sämtliche Maschinen und Zutaten aus Deutschland bezog. Spanien hatte sich von Europa isoliert, und für alles, was eingeführt werden musste, wurden hohe Zölle erhoben. Außerdem benötigte man für alles Importlizenzen zur Einfuhr von Rohstoffen und Materialien. Wer damals Beziehungen zur Regierung in Madrid hatte, konnte mit seiner Einfuhrlizenz Millionen machen. Da ich aber als Ausländer keine Kontakte hatte und ganz auf mich gestellt war, musste ich alles ins Land schmuggeln. Das galt gleichermaßen für Kunstdärme der Fuldaer Firma Fehrmann

wie für Gewürze, die ich ebenfalls aus der Heimat bezog, oder Arbeitsgerät und Maschinen. Soviel wie möglich schmuggelte ich selbst im Reisegepäck wie auch kleine Tonbandgeräte und deutsche Musikkonserven, die ich für meine Filialen brauchte, um meinen Gästen akustisch ein deutsches Ambiente zu bieten. Aber auch Gegenstände für den privaten Gebrauch mussten illegal eingeführt werden.

Einmal hatte ich in Deutschland einen echten Teppich erworben. So etwas gab es auf Mallorca noch nicht zu normalen Konditionen im Geschäft zu kaufen. Es war ein besonders schönes Stück und kostete einige tausend Mark. Als der Zöllner auf dem Flughafen in Palma den Koffer öffnete, wollte er wissen, was der Teppich gekostet hätte. Da ich nicht bereit war, einige tausend Mark an Zoll zu bezahlen, sagte ich ihm, den Kaufpreis würde ich nicht kennen, denn es wäre ein Geschenk meiner Mutter zu Weihnachten. Aber meine Mutter sei eine Rentnerin und verfüge nicht über viel Geld, fügte ich hinzu. Der Zollbeamte verschwand für einige Zeit und kam dann mit einem Katalog der Firma Klingel unter seinem Arm wieder zurück, wo immer auch er das Heft aufgetrieben hatte. Er blätterte solange, bis er ein ähnliches Stück gefunden hatte. Dabei zeigte er auf einen Maschinenteppich mit ähnlichem Muster, der bei dem Versandhaus knapp dreihundert Mark kostete, und ich stimmte ihm natürlich erleichtert zu.

Torf oder Rauschgift?

Mit dem spanischen Zoll, der mich bei unserem Umzug an der Grenze bereits genervt hatte, bekam ich noch oft zu tun. Die Diktatur Francos hatte sich vom Rest Europas abgekapselt, was Ein- und Ausfuhren ungleich schwieriger machte als zwischen anderen europäischen Ländern. Zwar wuchs mein erstes Unternehmen auf Mallorca schnell, die Würste nach Rhöner Rezept fanden reißenden Absatz, aber das Wachstum wurde

nach Kräften von der spanischen Bürokratie behindert.
Die Beschaffung einer Füllmaschine, die ich dringend für die neue Fabrik brauchte, war deshalb ein großes Problem. Zuerst mussten die Peseten für die Maschine, die damals nur in Deutschland hergestellt wurde, aus Spanien hinausgeschmuggelt werden. Auf Devisenschmuggel stand zur damaligen Zeit allerdings Gefängnisstrafe. Ich schaffte den Geldtransfer aber immer, ohne erwischt zu werden.
Um die strengen Einfuhrbestimmungen zu umgehen, habe ich oft den Zoll täuschen müssen. Kleinere Maschinen wurden als Werkzeug für Monteure deklariert oder als Arbeitsgerät für in Deutschland unter Vertrag genommene Angestellte. Auch die Wurstfüllmaschine, die ich in der Heimat kaufte, ließ ich deshalb als Arbeitsgerät für meinen neuen Metzgermeister deklarieren.
Sie wurde auf einen kleinen Vieh-Anhänger geladen, und schon ging die Reise von Deutschland aus durch Frankreich bis nach La Jonquera an der spanischen Grenze. Doch dort war Schluss. Die Zollbeamten verweigerten mir die Einfuhr der Füllmaschine. Beinahe wäre ich sogar noch als Drogen-Dealer festgehalten worden, denn im Kofferraum befand sich auch ein Ballen Torf, den die Zöllner zunächst für Haschisch oder ein verwandtes Rauschgift hielten. Ratlos standen die Beamten vor der Moorerde und probierten reihum davon. Ein Bild für die Götter. Trotz reichlicher Geschmacksproben konnte man das rotbraune Zeug nicht identifizieren. Und dass ein verrückter Deutscher Blumenerde nach Mallorca transportieren wollte, das konnten sie einfach nicht glauben. Gärtnertorf kannte man zu dieser Zeit in Spanien offensichtlich noch nicht.
Ich blieb jedoch hartnäckig. Wir brauchten den Torf für unsere Balkonblumen, aber noch dringender die Füllmaschine für meine neue Wurstfabrik. So fuhr ich zuerst zurück nach Le Boulou in Frankreich und von dort zum alten spanisch-französischen Grenzübergang Le Perthus. Wieder probierten alle Zöll-

ner vom verdächtigen Torfballen. Und abermals wurden Füllmaschine und Moorerde die Einfuhr nach Spanien verwehrt. Unter Fluchen und Schimpfen zog ich wieder von dannen, um es ein paar hundert Kilometer weiter über die lange Pyrenäenstraße nach La Seu d'Urgell, hoch in den Bergen, in der Nähe von Andorra erneut zu probieren. Der Torf rief bei dem dritten Team spanischer Zollbeamter abermals großes Interesse hervor, aber den „Stoff" konnten auch sie geschmacklich nicht identifizieren, und deshalb wollte man das Zeug nicht über die Grenze lassen – ebenso wenig wie die Füllmaschine.
So leicht lässt sich ein Horst Abel allerdings nicht abschütteln. Die letzte Möglichkeit, mit meiner Ladung nach Spanien zu kommen, war der Grenzübergang Portbou. Die Fahrt ging über einen Feldweg, mitten durch Weinberge in Richtung Costa Brava. Der Zollbeamte bei der Bahnstation an der Grenze wollte dieses Mal nicht den Torf verkosten, stellte aber anhand der Papiere fest, dass der von der spanischen Handelskammer in Frankfurt abgestempelte Arbeitsvertrag zwar auch ein Arbeitsgerät für den neuen Meister auf Mallorca vorsah, die Ausmaße dieses „Arbeitsgerätes" jedoch einfach zu groß waren. Kurz, die Einfuhr wurde erneut verweigert.

Das Ende einer Irrfahrt

Viele hätten nach drei Tagen Irrfahrt an der französisch-spanischen Grenze kapituliert. Nicht ich. Nach einer weiteren Übernachtung in Frankreich sowie der Entsorgung des Torfballens versuchte ich es erneut über die Hauptzollstelle an der Autobahn La Jonquera. Ich verbrachte einen weiteren Tag auf der Grenzstation, bis ich die genervten Zöllner endlich dazu überreden konnte, die Füllmaschine zu verplomben, um sie dann selbst ohne Umwege dem Zoll in Barcelona zu überstellen. Ich wusste jedoch: Ohne Einfuhr-Genehmigung hätte man dort die Maschine sofort einkassiert. Anstatt zum Zoll nach Barcelona zu fahren, schiffte ich mich deshalb vorbei an der Kontrolle der Guardia Civil mit der Ladung nach Mallorca ein. Die neue Füllmaschine wurde dort mit einigen Tricks heimlich gegen eine Alte ausgetauscht, die Typenschilder wurden ausgewechselt, und die gebrauchte Maschine wurde anschließend dem Zoll in Palma zur Beschlagnahmung übergeben.

Jedes Jahr wurden in Palma alle beschlagnahmten Waren öffentlich versteigert. In einer großen Halle, randvoll mit Gegenständen aller Art, sah ich Monate später meine vom Zoll requirierte alte Füllmaschine, die ich am Ende ersteigern konnte. Dann tauschte ich die Typenschilder wieder aus. Der Import war damit perfekt. Sie diente uns lange Jahre als zuverlässige Helferin.

Bis 2002, da fand schließlich der Umzug in die supermoderne Fabrikhalle im Industriegebiet „Son Castello" statt. Diesen Umzug hat die Füllmaschine aus dem Jahr 1974 allerdings nicht mehr mitmachen dürfen, denn in der neuen Wurstfabrik kamen ausschließlich moderne Industrieanlagen zum Einsatz. Die alte Füllmaschine hatte alle Irrfahrten, meine Schimpftiraden und die spanischen Zollschikanen überlebt und nach vielen Jahren Arbeit endlich ihre verdiente Ruhe auf dem Schrottplatz gefunden.

Ein Handschlag gilt

Zurück zum Tag der Morddrohung und ihrer Hintergründe. Manfred Meisel, Opfer des Mordanschlages, hatte ich in seinem Lokal „Struwwelpeter" in Frankfurt-Sachsenhausen kennengelernt. Er war schon dort ein erfolgreicher Gastronom. Ich überredete ihn damals, seine geschäftlichen Aktivitäten nach Mallorca zu verlegen, und verkaufte ihm einen meiner Gastro-Betriebe an der Strandstraße in erster Lage von Arenal für eine halbe Million Mark. Der Vertrag wurde in seinem Sachsenhäuser Lokal per Handschlag besiegelt.

Später, an jenem Vormittag des 12. November 1997, als ich von seiner grausamen Hinrichtung erfuhr, machte ich mir Gedanken: Wenn ich ihn nicht nach Mallorca geholt hätte, vielleicht könnten er und die anderen Opfer noch am Leben sein. Unser vereinbartes Geschäft war zwar nicht zu Stande gekommen, da Manfred – auf Mallorca angekommen – mit mir noch nachverhandeln wollte, um den Preis zu drücken. Bei mir jedoch gibt es entsprechend guter alter „Metzgersitte" nach einem Handschlag nichts mehr zu verhandeln.

Doch er übernahm dann statt meines Ladens den „Bierkönig" in der Schinkenstraße. Den ziemlich verwahrlosten Betrieb machte er gemeinsam mit einem Freund als Teilhaber wieder flott. Auch heute gehört der „Bierkönig" neben dem „Ballermann" noch zu den Hauptattraktionen für deutsche Touristen an der Platja de Palma. Der Betreiber ist jedoch jetzt – nach dem Mord an dem Deutschen – ein einflussreicher Mallorquiner, dem unter anderem auch das Nachtlokal „Oberbayern" in El Arenal gehört.

Wie die Schinkenstraße entstand

Als ich 1970 nach Mallorca kam, existierte die „Schinkenstraße" noch nicht. Neben dem heutigen „Bierkönig" gab es eine Bretterbude, in der ein guter Bekannter, Antonio Bauzà, genannt Toni Pancho, gemeinsam mit seinem Onkel rund um die Uhr spanische Schinkenbrote verkaufte. Da gingen nicht selten mehr als 20 ganze spanische Serranoschinken – die dutzendweise an der Decke hingen – in 24 Stunden über den Tresen. Sie wurden portionsweise als „Schinkenteller" verkauft. Besonders nach Mitternacht ging an der „Schinkenbude", wie sie von den Deutschen getauft wurde, die Post ab. Dann wurde unter freiem Himmel bis in den neuen Tag gefeiert, es gab ja nicht nur Schinken, sondern es wurde auch reichlich Alkohol konsumiert.

So wurde die Stehkneipe ein bekannter und beliebter Treffpunkt für alle Nachtschwärmer. Ab drei Uhr morgens war das damals die einzige Möglichkeit, in El Arenal noch etwas zu essen zu bekommen, und die Getränke waren viel billiger als in jeder Disco. Das Lokal nebenan, das damals bereits „Bierkönig" genannt wurde, war zu dieser Zeit noch vollkommen unbedeutend. Erst als Manfred Meisel viele Jahre später die Kneipe mit Biergarten übernahm, änderte sich das rasch.
Zunächst aber war er für lange Zeit Stammgast in meiner Stimmungs-Disko „Carrusel", heute „Almrausch", in der Bierstraße. Die Atmosphäre in der Disco gefiel Manfred Meisel. So etwas wollte er auch machen. Schnell hatte er erkannt: Ambiente, Beleuchtung und die richtige Musik waren entscheidend für die Stimmung, die man in einem solchen Betrieb brauchte, um den Umsatz anzukurbeln. Er wollte aus seinem maroden Bierkönigsladen das Gleiche machen. Warum sollte es nicht möglich sein, aus einer Terrasse unter freiem Himmel einen Disco-Betrieb à la „Carrusel" zu zaubern? Er übernahm die Stimmungsmusik, warb meine DJs ab, kopierte die Beleuchtung und baute seinen Laden aufwändig mit sehr viel Geld um.
Nach wenigen Jahren hatte er es geschafft. Aus seinem Biergarten war eine Open-Air-Disco geworden, die in jeder Saison Millionen-Gewinne brachte. Mit der „Schinkenbude" und Meisels „Bierkönig" wurde die „Schinkenstraße" bekannt, und noch heute ist sie eine Touristenattraktion auf Mallorca.
Die Unternehmen in der Straße zahlten gemeinsam pro Nacht 50.000 Peseten Schmiergeld und dafür blieben sie von der Polizei unbehelligt. Alle Betriebe in der „Schinkenstraße" konnten nun rund um die Uhr geöffnet bleiben, und die ganze Nacht hindurch wurden die Gäste mit Discomusik zugedröhnt. Während die Polizei zu dieser Zeit − wie auch heute noch − in der „Bierstraße" streng darauf achtete, dass alle Betriebe um Mitternacht ihre Musikbeschallung zur Straße einstellten, ging es dann in der „Schinkenstraße" erst richtig los.

Schmiergelder zu zahlen und Behördenvertreter zu bestechen, ist nie meine Stärke gewesen, das liegt mir nicht. Leider, denn mit Bestechung wäre vieles bei meiner Karriere auf Mallorca einfacher gewesen.

Vom Schafshirten zum Großunternehmer

„Hola Abel" empfängt mich mein langjähriger Freund Lorenzo. „Abel", ist in Spanien ein gebräuchlicher Vorname, und es wunderte mich anfangs, warum man mich immer so unhöflich ansprach.
„Hola Lorenzo, wie geht's?", erwiderte ich. Aber auch „Lorenzo" ist, wie wir später feststellten, der Familienname des Freundes. So kann es zu Missverständnissen kommen, und man unterstellt dann völlig ungerechtfertigt Unhöflichkeit. Man sagt „Señor", wenn man jemand mit dem Familienname anspricht, und „Don", wenn man ihn beim Vornamen nennt.
Marcial Lorenzo führte mich durch die Empfangshalle seines großen Unternehmens, vorbei an seinen Mitarbeitern, in sein Chefbüro. Dabei musste ich daran denken, dass er als erfolgreicher Manager nur eine rudimentäre Schulbildung hatte.
Wussten seine Angestellten, dass ihr Chef praktisch Analphabet war, und hatten sie mitbekommen, dass der Mann, der jede Woche ins Chefbüro kam, ein Privatlehrer war, der ihrem Chef das Lesen und Schreiben beibringen musste?
Er ist „Foraster", kommt gebürtig aus der Nähe von „Jabugo", Spaniens bekanntestem Ort, wenn es um den besten Schinken Spaniens geht. Seine Firma gehört zu den größten Getränkevertrieben der Insel, mit Millionen-Umsätzen.
„Ja, wenn ich als kleiner Junge Wand an Wand mit meinen Schafen und Schweinen in einer kleinen Hütte außerhalb unseres Dorfes im Bett lag, konnte ich durch das Dach hindurch den Mond sehen. Da pfiff der Wind durch die Dachziegel und allen Ritze, und wenn es im Winter kalt wurde, tanzten

die Schneeflocken in mein Bett, darüber hingen immer die Schinken von der letzten Schlachtung, aber die durfte ich nur sehnsüchtig anschauen. Zu essen bekam ich davon nie, denn sie wurden nach einem Jahr verkauft. Mit dem Erlös wurden die Grundnahrungsmittel für ein Jahr gekauft.
Die Schule habe ich nur bis zur vierten Klasse besuchen dürfen.
Als Dreizehnjähriger wollte ich dann endlich raus und kam nach Mallorca, wo ich zunächst für ein paar Peseten am Bau als Hilfsarbeiter arbeitete. Nach einiger Zeit schaffte ich es, eine Stelle als Hotelboy zu bekommen.
Ich kann mich noch daran erinnern, wie ich immer im Hotel seitlich am roten Teppich entlanggelaufen bin, weil ich mich nicht traute, auf dem Läufer zu gehen.
Langsam arbeitete ich mich hoch und kam in den Service. Dabei habe ich viele berühmte Leute wie Schauspieler und Künstler kennengelernt. Als ich dann zum ersten Mal einen normalen Lohn bekommen habe, bin ich sofort zum Markt gelaufen und habe mir drei Kilo Bananen gekauft.
Horst, weißt du, was das heißt, wenn man immer nur die schönen Dinge zum Essen sieht, die man sich aber nicht leisten kann, obwohl man Heißhunger danach hat?"
„Ja, und ob ich das weiß" entgegnete ich. „Mein größter Wunsch als Kind war, mich einmal bei unserem Metzger an der Ecke in das Schaufenster zu setzen und so viel Wurst essen zu dürfen, wie ich wollte." „Ja, so ging es mir mit den Bananen, voller Heißhunger habe ich die alle in mich hineingestopft, bis mir übel wurde und ich alles wieder von mir gab. Zu dieser Zeit habe ich auch das erste Mal in meinem Leben Schinken probiert, die ich jahrelang nur anschauen durfte, als sie über meinem Bett hingen."
Kaum zu glauben, wie sich die Lebenswege der beiden bekannten mallorquinischen Unternehmer, eines „Guiri" aus Deutschland und eines andalusischen „Foraster", gleichen.

„Horst, ich bin nachher noch zu einem Essen eingeladen, zu dem auch der Ministerpräsident Jaume Mattas kommen wird, willst du mitkommen?"
„Nein, ich habe etwas Besseres vor!", erwiderte ich.

Chance zum Gelddrucken

Wie ich Besitzer der umsatzstärksten deutschen Disco Mallorcas wurde, ist eine Geschichte für sich: Es war ein Dienstag – der 23. August 1988 – als um 21 Uhr das Telefon bei mir klingelte. „Horst, willst du unseren Laden kaufen?", hörte ich am anderen Ende der Leitung Bernd Nieswand, den Direktor des „Carrusel". Ich traute meinen Ohren nicht. Da sollte die erfolgreichste deutsche Disco der Insel verkauft werden, und ich konnte sie haben? Das war meine große Chance. Der Düsseldorfer Altstadtkönig Erwin Bornscheuer hatte 1970 in Las Maravillas an der Platja de Palma zusammen mit seinem Geschäftsführer Bernd Nieswand Mallorcas erste deutsche Stimmungsdisco eröffnet. In der Saison war das Tanzlokal fast immer überfüllt, sodass alle, die keinen Platz mehr bekamen, ihr Bier auf der Straße trinken mussten. So entstand die heute weltberühmte „Bierstraße".
Die Gäste kamen zunächst überwiegend aus dem Rheinland, denn dort kannte man Erwins Stimmungslokale wie „Carrusel", „Klimperkasten" und „Kulisse" in Düsseldorfs Altstadt. Zu dieser Zeit war das „Carrusel" in El Arenal für die deutschen Touristen mindestens genauso wichtig wie der Strand selbst. Die Investition für den gesamten „Carrusel"-Komplex mit Grundstück, Apartments einschließlich Kaffeeterrasse und Tanzlokal hatte sich bereits im ersten Betriebsjahr amortisiert und brachte Erwin in den Folgejahren Millionen-Gewinne ein. Das waren die goldenen Jahre auf Mallorca, und zu dieser Zeit kamen Tourismus-Manager aus aller Welt, um das spanische Erfolgs-Konzept zu studieren und zu kopieren. Alle heute

international operierenden mallorquinischen Hotelketten haben in dieser Zeit das finanzielle Fundament für ihre späteren Erfolge gelegt.

Kiloweise Peseten im Koffer

Das Warsteiner Bier floss im „Carrusel" in Strömen. Erwin machte jedes Jahr riesige Nettogewinne. Die von seiner Sekretärin Christine gesammelten Pesetenscheine hatten dann immer ein Gesamtgewicht von etwa 40 Kilogramm, was dem Gegenwert von rund einer Million D-Mark entsprach. Wenn sich die Türe des mannshohen Tresors wegen Überfüllung nicht mehr richtig schließen ließ, wurde Erwin Bornscheuer in Düsseldorf benachrichtigt.

Er flog dann immer mit der LTU und zwei prall mit Geld gefüllten Reisekoffern nach Düsseldorf zurück, um die Peseten außer Landes zu bringen. Die Landeswährung aus Spanien zu schmuggeln, war jedoch nicht risikolos, denn die Ausfuhr der Peseten war zur Franco-Zeit bei Knaststrafe verboten. Deshalb wurden die Koffer ohne Namensschilder einfach als Reisegepäck aufgegeben, in der Hoffnung, sie dann unbeschadet in Düsseldorf vom Band nehmen zu können.

1970 bekam man für eine Mark 30 Peseten. Die Inflationsrate betrug jährlich rund zehn Prozent, und so veränderte sich der Wechselkurs bis zur Einführung des Euros auf zuletzt eine D-Mark gleich 86 Peseten. Die Mallorca-Urlauber erhielten zu dieser Zeit beim Umwechseln dicke Bündel von großen Geldscheinen und schafften nur selten, ihre spanische Währung an den Mann zu bringen. Besonders die deutschen Kegelklubs waren trotz aller Spendierfreudigkeit kaum in der Lage, während ihres Mallorca-Urlaubs ihre Kegelkasse auf den Kopf zu hauen. „Sekt für alle" war das gängige Begrüßungsritual, wenn sie eine Kneipe aufsuchten, und „lasst es jucken, Kumpels, am Monatsende gibt's wieder frisches Geld", konnte man damals

immer wieder von den Deutschen hören. Mit der Kohle richtig zu protzen, den Spaniern den eigenen Reichtum zu demonstrieren, machte offensichtlich Spaß und gehörte zum Urlaubsvergnügen, nach dem Motto: „Man gönnt sich ja sonst nichts."
Wenn dann der spanische Kellner sagte: „Du grande Kapitalista" nahmen die Sauftouristen das als Kompliment, und mit Sicherheit war danach ein großzügiges Trinkgeld für den armen Schlucker drin. Wo auf der Welt konnten deutsche Normalverdiener zu dieser Zeit so großzügig die Sau rauslassen und ziemlich überheblich gegenüber den ärmeren Spaniern auftreten? Die cleveren Kellner spielten aus finanziellem Interesse dieses Spiel mit. So entstanden viele gut geschmierte vermeintliche Freundschaften. Das Verhältnis zwischen Deutschen und Mallorquinern war selten ehrlich, aber trotzdem nie besser als zu dieser Zeit.

Veränderte Rollen

Wie schnell sich jedoch die Zeiten ändern können! Oft fragen die Gäste heute schon am Eingang: „Was kostet hier ein Bier?" und Einheimische machen sich darüber lustig, wenn sich eine dreiköpfige deutsche Touristenfamilie gemeinsam eine Portion Spaghetti teilt, weil das eingeplante Urlaubs-Budget vorzeitig aufgebraucht wurde. Dass es jedoch die gleichen Deutschen sind, die auch durch ihre Arbeit und über den EU-Topf den jetzigen Wohlstand der Mallorquiner bis heute mitfinanziert haben, wird geflissentlich übersehen.
Die typischen Arenal-Touristen, wie deutsche Kegelklubs, Vereine und ähnliche Gruppen, die auch ihren Teil zum Wohlstand auf der Insel beigetragen haben, sind jetzt – auch von offizieller Seite aus – als Gäste nicht mehr erwünscht. Nach den Plänen der Politiker soll jetzt an der Platja de Palma das Miami Europas entstehen, und man möchte künftig am liebsten nur noch einen Tourismus im gehobenen Stil haben. Ob

die Rechnung aufgehen wird, wage ich zu bezweifeln. Da Arenal über keine Luxusherbergen verfügt, und auch keine Golfplätze zu bieten hat, müsste man zunächst alles mit Planierraupen plattmachen, um es dann wieder neu aufzubauen. Wer soll das bezahlen, und wo sollen die Luxus-Touristen herkommen, um die 50.000 Hotelbetten an der Platja zu belegen? Besonders die Türkei und Bulgarien werden die aus Mallorca vergraulten Touristen, darunter viele deutsche Kegelclubs, mit offenen Armen aufnehmen.

Goldgrube als Schnäppchen

Zurück zu dem besagten Abend im August 1988. „Mit dem Cramer, dem Besitzer von der Warsteiner Brauerei, habe ich einen Optionsvertrag, der heute um Mitternacht ausläuft. Wenn du willst, kannst du zu gleichen Konditionen einsteigen", empfing „Carussel"-Besitzer Erwin mich. „Aber bezahlt wird nur in bar!", fügte er im selben Atemzug hinzu. Ich wusste, dieses Angebot musste ich annehmen. Da ich als Stammgast die Goldgrube gut kannte, sagte ich, ohne zu überlegen: „Erwin, dein Laden ist gekauft." Der Vertrag wurde mit Handschlag besiegelt. Nach dem Kaufabschluss gingen von Warsteiner die ersten Angebote bei mir ein. „Wir bezahlen ihnen 200.000 Mark mehr!", wurde mir offeriert. Und am nächsten Tag stockte die Brauerei auf 400.000 Mark auf. Heute ist mir klar: Ich hätte damals pokern müssen. Denn für das „Carussel", den zu dieser Zeit größter Einzelabnehmer von Warsteiner-Bier im Ausland, hätte die Brauerei wahrscheinlich auch noch mehr hingeblättert.

Das Problem begann am nächsten Tag in der Bank in Palma: „Wie? Sie wollen 40 Millionen Peseten in bar abheben?" Die Direktoren sahen mich an, als käme ich von einem anderen Stern. „Natürlich ist das ihr Geld, aber es ist in Spanien gesetzlich verboten, solch hohe Beträge in bar abzuheben. Das ist unmöglich." Unmöglich? Das Wort brachte mich auf die Palme, und ich vertrat mein Anliegen mit Nachdruck. Mit Hilfe eines Direktors, mit dem ich befreundet war, ließen sich die formalen Hindernisse überwinden. Ich setzte ihn unter Druck: „Jaime, wenn du die Kohle nicht sofort rausrückst, kündige ich alle Konten bei euch." Er antwortete „Horst, reg dich nicht auf, das regeln wir schon." Wir gingen gemeinsam zum Haupttresor in das Kellergeschoss, und kurze Zeit später marschierte ich mit zwei prall gefüllten Plastiktüten durch die Tiefgarage der Bank zum Notar.

Super-Deal mit Hindernissen

Dort ging es noch mal hoch her. Zunächst war Erwins Geschäftsführer Bernd damit beschäftigt, die 40 Kilogramm Pesetenscheine nachzuzählen. Der Restbetrag wurde mit einem Panzerwagen in Deutschland angefahren und musste nach Erwins Bedingung an einem Düsseldorfer Bankschalter in D-Mark ausgezahlt werden. Dort stand Bornscheuers Freundin Marita, um das Geld in Empfang zu nehmen. Mein Beauftragter für den Geldtransport wartete auf der anderen Seite des Telefons auf mein Okay, um den Betrag durch die Geldausgabe schieben zu dürfen. „Moment mal", sagte ich zu Erwin, „was passiert, wenn Marita das Geld hat, und du unterschreibst dann nicht? Dann bin ich der Gelinkte." Mein Gewährsmann hatte mich darauf hingewiesen, dass, wenn er den Berg Geld erst einmal an seinem Bankschalter durchgeschoben hätte, es für mich verloren sei. Ich bestand folgerichtig auf der Unterschrift vor der Geldübergabe: „Also, Erwin: unterschreiben, und deine Freundin bekommt die Kohle." „Nein, erst die Mäuse, und dann unterschreibe ich!" So ging das eine ganze Zeit hin und her. Der Notar war sichtlich nervös, denn er wollte zu seiner Siesta, der heiligen Mittagszeit der Mallorquiner. Eine Lösung schien nicht in Sicht.

Jetzt war ich in Rage. „Also gut", sagte ich, bis zum Letzten genervt, „Marita bekommt das Geld. Aber wenn du dann nicht unterschreibst und mich um meine Kohle linken willst, dann breche ich dir hier auf dem Stuhl in Anwesenheit des Notars das Genick. Das meine ich ernst, da nützen dir dann die Mäuse auch nichts mehr." Nachdem Marita den Empfang des Geldes bestätigt hatte, unterschrieb Erwin problemlos den notariellen Kaufvertrag.

Kampf zwischen Erben und Freundin

Erwin Bornscheuer, der mit seiner Frau und seinen Kindern auf Kriegsfuß stand, hatte bei mehreren europäischen Banken Millionen-Konten angelegt. Bei seinem Tod wusste nur Marita, wo die „Nester" waren, und es kam zu einem erbitterten Kampf um seine Hinterlassenschaft.

Sofort als Marita vom Ableben ihres langjährigen Freundes erfuhr, räumte sie, die Bevollmächtigte, alle von Erwin angelegte Geldnester in der Schweiz aus. Erst als Erwins Erben bereit waren, mit ihr die Hinterlassenschaften zu teilen, kamen sie zu ihrem Anteil. Erwins Freundin lebte fortan für einige Zeit als große Lady in Saus und Braus, bis sie die Millionenbeträge ihres Gönners restlos verjubelt hatte.

Der Düsseldorfer Altstadtkönig war, wenn es um seinen persönlichen Lebensstil ging, eher knauserig gewesen. Seine privaten Bedürfnisse waren bescheiden. Er war Stammkunde in meinen Lokalen, löffelte dort meistens, nachdem er unter Anteilname der Anwesenden feierlich das Gebiss heraus genommen hatte, seine Erbsensuppe.

Überweisungen, Wechseln und Schecks gegenüber war er skeptisch. Erwin vertraute nur auf Bargeld, das er über alles liebte. Sein Geschäftsführer Bernd erzählte mir, in Düsseldorf habe sein ehemaliger Boss im Keller eine große Geldkiste mit dicken Beschlägen und einem schweren Vorhängeschloss gehabt, die ihm als Safe diente. Jeden Abend deponierte Erwin einen Teil seiner Tagesumsätze in dieser Kiste. Das Geldversteck war jedoch mit der Zeit auch seinem Personal bekannt. Obgleich er immer neues Geld in das Behältnis stopfte, wunderte er sich nach einiger Zeit darüber, dass es sich nicht mehr weiter füllte. Nach einer genauen Untersuchung der Kiste musste er feststellen, dass sie sich auf der Unterseite öffnen ließ, indem man dort einige Schrauben löste.

Kalkulation auf mallorquinisch

„Bernd, wie kalkuliert ihr denn eigentlich so?", fragte ich nach dem Kauf Erwins Geschäftsführer. Ich wusste zwar, wie man mit Bratwürsten, Kartoffelsalat und Frikadellen Geld verdient, von der Führung und Preisgestaltung eines Nachtlokals hatte ich jedoch nicht die geringste Ahnung. „Eine Kalkulation haben wir noch nie gemacht. Bei uns läuft das so: Eine Flasche Alkohol der Marke „El Blindo" kostet uns 350 Peseten, und 350 Peseten (damals etwa vier Mark) kostet die Gäste auch jedes Mixgetränk", kam die Antwort. „Deine Kalkulation stimmt, und die werde ich auch so beibehalten", entgegnete ich Bernd. „El Blindo" nannten sie den namenlosen Alkohol, der gleich lastzugweise eingekauft wurde, aber viele Fuselöle enthielt und seinem Namen gerecht wurde, wenn man sich den Zustand der Gäste am nächsten Morgen besah. Auch heute noch werden in vielen Discos auf Mallorca die leeren Markenflaschen mit billigem Sprit wieder aufgefüllt oder Markenimitationen an die ahnungslosen Touristen ausgeschenkt.

Den Einheimischen allerdings traut man sich nicht, diesen Fusel zu servieren, die bekommen dann für das gleiche Geld einen echten Marken-Drink. Man kann den Gästen deshalb nur raten, bei einem Discobesuch auf Mallorca am besten Bier, Softdrinks oder Wasser zu konsumieren, da weiß man wenigstens, was man hat.

Jeder Gast ein VIP

Die Carrusel-Gäste waren bunt gemischt von 18 bis 80 und kamen aus allen Gesellschaftsschichten: Vom Generaldirektor oder Unternehmer bis zum einfachen Arbeiter war alles vertreten. Die meisten Besucher wurden vom DJ öffentlich mit Namen begrüßt und bekamen dabei einen eindrucksvollen Titel verliehen. So wurde im „Carrusel" aus dem Arbeiter oder Angestellten schnell der „Herr Direktor" oder auch schon mal ein Baron oder Frauenarzt. Als Gegenleistung für einen Drink konnte sich jeder seinen Titel aussuchen, mit dem er dann als Carrusel-Stammgast in der Disco begrüßt wurde.

Frauenarzt war der beliebteste Wunschtitel, denn Gynäkologen machten bei den Damen immer mächtig Eindruck. Offenbar trauten die weiblichen Discogäste dem Herrn Doktor eine fachgerechte Behandlung zu.

Unser Stammgast Hermann aus Gütersloh kam mehrmals im Jahr mit seiner eigenen Maschine eingeflogen, um im Carrusel die Puppen tanzen zu lassen. Für seine spontanen Mallorca-Besuche hatte er sich eine Pilotenuniform der Lufthansa beschafft, und wenn er dann als Lufthansa-Kapitän in der Disco vorgestellt wurde, konnte er sich vor dem Andrang weiblicher Verehrerinnen kaum retten. Als vermögender Industrieller machte es ihm Spaß, diese Nummer abzuziehen und im Carrusel Geld unter die Leute zu bringen. Champagner Moet floss in Strömen, und die Frauen genossen die Gesellschaft des großen, gutaussehenden Flugkapitäns.

Als Stimmungsdisco zum Kennenlernen gab es auf Mallorca keinen besseren Laden als das „Carrusel" in der Bierstraße. Egal ob Männlein oder Weiblein, dort fand jeder Topf auch seinen Deckel. Mitunter gab es auch kritische Situationen. „Meiner Frau habe ich gesagt, ich sei auf eine Geschäftsreise", begrüßte mich eines Abends unser Stammgast Karl aus Köln. Was er nicht wusste, war, dass auch seine Ehefrau nicht zu

Hause geblieben war, sondern das Gleiche wie er vorhatte und bereits im „Carrusel" feierte. Noch ehe ich ihn warnen konnte, hatten sich beide entdeckt. Nach einem anfänglich heftigen Wortwechsel verbrachten sie anschließend einige Urlaubstage, wenn auch ungeplant, gemeinsam auf Mallorca.
Besonders aktive „Carrusel"-Gäste hatten die Möglichkeit, ihren Wunsch-Partner gleich mehrmals am Abend zu tauschen. Das „Carrusel" war aber auch das bekannteste Heiratsparadies auf der Sonnen-Insel, und aus mancher „Carrusel"-Bekanntschaft wurde eine solide Ehe.

Merkwürdige „Nostalgie"

Die Freundschaft zur Guardia Civil, damals Francos verlässliche und übermächtige Polizeitruppe, war damals von größter Wichtigkeit, überwachte die Polizeitruppe doch alle Schaltstellen des öffentlichen Lebens auf Mallorca.
Zu meinen Stammgästen gehörten auch höhere Beamte der „Guardia Civil". Zu einigen Polizisten hatte sich im Laufe der Zeit ein freundschaftliches Verhältnis entwickelt, das zum Teil noch bis heute besteht.
Unangenehm wurde es für mich, als der Geschäftsführer Bernd mich in diesem Kreis als deutschen Freund vorstellte und ich mit einem donnernden „Heil Hitler" begrüßt wurde. Zunächst habe ich erst einmal den Kopf eingezogen, denn für diese Art von „Nostalgie" hatte ich nichts übrig. Das habe ich später auch allen – ob sie es hören wollten oder nicht – klargemacht.
Ansonsten glich die Stimmung im „Carrusel" meist den heißen Tagen im rheinischen Karneval. Tabletten und Drogen waren damals noch tabu, aber die Runden frisch gezapften Warsteiner-Biers liefen schnell und reichlich.
Dennoch gab es kaum Ärger mit Schlägereien. Das Tanzlokal stand unter ständiger polizeilicher Überwachung, denn fast

alle männlichen Angestellten – vom Portier bis zum Direktor – waren in ihrem Hauptberuf Polizeibeamte. Noch heute muss ich die Leistung dieser Mitarbeiter hoch anerkennen, die auf eine lukrative Nebenbeschäftigung finanziell angewiesen waren und sie mit Bravour erledigten. Sechs Monate ohne Ruhetag zwei harte Jobs auszuüben, das war eine großartige Leistung. Ich kann das beurteilen, denn mir ging es ähnlich: Die Nächte mit den Gästen in der Disco zu verbringen und tagsüber wieder fit zu sein, bedeuteten meist 16-Stunden-Tage für mich. Und das über die volle Sommersaison.

Mit der Leistung meines Personals, das zu 95 Prozent aus Mallorquinern und Spaniern bestand, war ich immer sehr zufrieden. Mit deutschen Arbeitnehmern habe ich weniger gute Erfahrung gemacht.

Münchner für den Biergarten

Als ich vorhatte, gemeinsam mit der Paulaner-Brauerei in München in einem Lokal in der Bierstraße einen original bayerischen Biergarten mit Münchner Bier und bayerischen Schmankerln zu eröffnen, sollte dort auch vorzugsweise Münchener Personal beschäftigt werden.

Die Brauerei veröffentlichte Anzeigen in Münchner Tageszeitungen unter dem Motto „Sonne, Strand und Peseten". Der Annoncentext fand nicht meine Zustimmung. Von Arbeiten stand da nämlich gar nichts. Die Resonanz war entsprechend groß, über ein mangelndes Interesse konnten wir uns anfangs nicht beklagen. Als ich den Bewerbern bei ihrem Vorstellungsgespräch in München dann etwas über ihre Arbeit erzählte, nahm die Begeisterung sichtlich ab, denn davon hatte schließlich in der Zeitungsanzeige von Paulaner nichts gestanden. Zu guter Letzt kamen dann ein Geschäftsführer, ein junger Koch und drei Bedienungen angereist.

Schon am zweiten Tag gab es den ersten Ärger, denn der Koch

hatte den anderen Mitarbeitern Geld gestohlen. Wenig später stellte sich heraus, dass er drogensüchtig war. Als ich nach einigen Tagen in die Küche kam, stapelte sich das schmutzige Geschirr bis zur Decke. In der ganzen Zeit hatte der Küchenchef nicht einmal daran gedacht, seinen Arbeitsplatz sauber zu machen und das Geschirr spülen zu lassen. So eine Sauerei hatte ich in meinen ganzen Mallorca-Jahren noch nicht gesehen. Eine Kellnerin lief ständig mit ihrem Hund auf dem Arm herum und bediente so die Gäste. Als ich ihr sagte, dass das auf Mallorca nicht üblich sei, erklärte sie mir, es gebe niemand, der auf „Spitzi" aufpassen könne. Eine andere Bedienung kam zu mir und beklagte sich „Jo mei, jetzt bin i scho oane Wochn da und hob immer no nix zum Schnaxeln gfunden." Ich musste ihr klarmachen, dass das ihre private Sache sei und ich für diese Bedürfnisse nicht zur Verfügung stand.

Nach 14 Tagen war die Idee vom Münchner Biergarten mit bayerischem Personal gestorben, denn übrig war zum Schluss nur noch der Geschäftsführer ohne Personal. Jetzt hat das Lokal ein Mallorquiner übernommen und betreibt den Biergarten mit vorwiegend spanischem Personal mit großem Erfolg.

Das „Carrusel" in der Bierstraße heißt jetzt „Almrausch". Es ist die einzige deutsche Stimmungsdisco, die an der Platja de Palma ganzjährig geöffnet ist.

Bei der städtischen Polizei in Palma habe ich noch heute viele gute Freunde aus der alten Zeit. Die Freundschaft mit der Guardia Civil wurde von Erwin und Bernd aus gutem Grunde gepflegt. In der Disco wurden die Beamten als VIPs behandelt, und es war selbstverständlich, dass ihre Rechnung immer aufs Haus ging. Im Gegenzug wurden wir dann bei jedem großen Fest der Guardia Civil zur feierlichen Messe eingeladen und saßen als Ehrengäste in der ersten Reihe. Doch viel wichtiger war: Wer unter dem Schutz der Guardia Civil stand, musste damals nichts befürchten.

Ein komisches Gefühl hatte man bei solchen Freundschaften schon, wurde doch zu dieser Zeit aus Dankbarkeit auch regelmäßig eine Messe für Adolf Hitler gelesen. Man hatte dem deutschen Diktator nie vergessen, dass er mit seiner „Legion Condor" entscheidend zu Francos Sieg im Spanischen Bürgerkrieg beigetragen hatte.

Spitzeldienste abgelehnt

Eines Tages wurde ich in das Regierungsgebäude „Administración del Estado" in Palma geladen, das sich neben der Hauptpost befindet, und zwar in einen kahlen Büroraum im Kellergeschoss. „Herr Abel, wir wissen, dass Sie der Kopf der Deutschen auf Mallorca sind, und möchten deshalb – eine Hand wäscht die andere – Informationen über die hier lebenden Deutschen von Ihnen bekommen. Dafür halten wir Ihnen dann in allen geschäftlichen und privaten Problemen den Rücken frei. Wir wissen", fuhr der hochrangige Beamte fort, „dass Sie verheiratet sind und eine Freundin haben, mit der Sie sich regelmäßig treffen." Er nannte mir ungefragt gleich Ort und Zeit für meine Treffs, von denen ich geglaubt hatte, ich sei ausgesprochen diskret vorgegangen. „In Ihrer Filiale ‚X' haben Sie die Person ‚Y' illegal ohne Arbeiterlaubnis beschäftigt", hielt mir mein Gesprächspartner schließlich auch noch vor. „Sie merken, wir sind Ihnen freundschaftlich verbunden. Wenn wir wollen, können wir Ihnen jedoch auch Schwierigkeiten machen."

Zunächst war ich schockiert über das, was man da von mir wusste. Aber als Spitzel für die spanische Geheimpolizei wollte ich auf keinen Fall arbeiten, schon gar nicht, um meine Landsleute auf Mallorca auszuspionieren: „Machen Sie, was Sie für richtig halten, aber ich war in meinem Leben noch nie ein Verräter oder Polizei-Spitzel. Ich werde auf keinen Fall auf dieser Basis mit Ihnen zusammenarbeiten!", war meine kurze und bündige Antwort. Meine Entscheidung wurde respektiert. Erstaunlich: Auch im Nachhinein wurden keine Repressalien gegen mich eingesetzt.

Allerdings haben diesen Job dann einige Zeit später ein anderer Deutscher und ein Österreicher übernommen, die ich beide gut kannte. Das Üble daran war, dass der deutsche Landsmann mit einem Kontaktbüro im Mallorca-Magazin warb und sich als Berater für Probleme und behördliche Angelegenheiten anpries. Viele Deutsche, die sich vertrauensvoll an ihn wandten, wunderten sich später, wie gut Polizei und Behörden über sie informiert waren.

Von mir kein Schmiergeld

Eine Arbeits- und Aufenthaltsgenehmigung zu bekommen, war zu dieser Zeit sehr schwer und hing allein von der Allmacht der Behörden ab. Mir hat man dennoch kaum eine Genehmigung abgeschlagen. Ich fühlte mich damals als geachteter und willkommener Deutscher. So war es mir möglich, in kurzer Zeit meine 20 Filialen in allen Teilen der Insel zu eröffnen. Dabei konnte ich mich voll auf die Führung der Geschäfte konzentrieren, was heutzutage angesichts einer ausufernden Bürokratie – ähnlich wie in Deutschland – nicht mehr möglich ist. Meine spanischen Bekannten bringen das noch direkter auf den Punkt: „Wenn früher geschmiert werden musste, dann gab es meistens nur eine Hand, die aufgehalten wurde. Heutzutage werden bei den Behörden so viele Hände ausgestreckt, dass man nicht mehr weiß, welche nun die richtige ist."

Für mich war es damals noch ein ungetrübtes Vergnügen, Geschäfte zu machen, denn ich musste und wollte überhaupt niemanden schmieren. Es gab eine Menge einflussreicher Personen, die mir freundschaftlich zur Seite standen, auch ohne Kapitaleinsatz. Auch Francos Steuersystem war mir sehr sympathisch, obwohl ich unter den Gastronomen der größte Steuerzahler der Insel war. Die Steuern wurden nach einem für mich undurchschaubaren System pauschal erhoben. Wenn man sich dieser Schätzung fügte und bezahlte, hatte man seine Ruhe.

Inzwischen haben die Bestechungen und Schmiergeldzahlungen bei Mallorcas Behörden derartig zugenommen, dass der spanische Justizminister Juan Lopez es für nötig erachtet hat, im Auftrag der Regierung in Madrid eine Sonderkommission einzusetzen und Ermittlungen gegen Lokalpolitiker aufzunehmen. Der Justizminister nennt die Baupolitik mehrerer mallorquinischer Gemeinden „schändlich" und ist der Meinung, dass sich viele ihrer Planungen heutzutage nach den Bereicherungs-Strategien der großen mallorquinischen Bau- und Immobilienfirmen richten. Denen wird, wie viele Beispiele zeigen, alles genehmigt, auch wenn es gegen geltende Bestimmungen verstößt.

Das gilt allerdings nicht für Ausländer. Die können bei nachträglichem Entzug der Baugenehmigung und eigenwilligen Bauvorhaben auf Mallorca nicht mit der Nachsicht der Behörden rechnen, egal ob sie Promis sind oder nicht.

Das hat auch Boris Becker zu spüren bekommen. Boris dachte, er könne seinen Promi-Bonus ausspielen, und ließ sich mit der „Inselprinzessin" Antonia Munar gemeinsam auf dem Sofa ablichten. Vergeblich, wie alle aus der Presse mit Berichten über seinen erzwungenen Hausrückbau bei Arta erfahren haben. Profitiert hat von der Kampagne Beckers und dem Presseauftritt nur die Inselpräsidentin, die damit ihre Popularität ausgebaut hat. Den teilweisen Abriss seiner neu erbauten Luxus-Finca, die ihn einige Millionen gekostet hat, konnte Boris jedoch mit dem Treffen nicht verhindern. Auch sein treuherziger Versuch, sich Sympathien zu verschaffen, indem er betonte, er habe sich vor vier Jahren „in die Insel verliebt" und wolle künftig viel Zeit auf Mallorca verbringen, hatte keinen Erfolg. Es gelang ihm nicht, damit sein Ferienhaus vor der

Abrissbirne zu schützen. Erst nach neun Jahren Kampf und viel Ärger konnte er im deutlich beschnittenen Anwesen verkünden: „Jetzt bin ich drin".

Für Einheimische wäre es eine Kleinigkeit gewesen, auf der Basis der Enchufes – Beziehungen nach dem Prinzip „Eine Hand wäscht die andere" – dieses Problem zu lösen. Auf Mallorca gibt es viele tausend Häuser und Fincas ohne Baugenehmigung oder mit baurechtlichen Problemen. Solange es sich dabei um mallorquinische Besitzer handelt, wird das fast immer im Stillen geregelt, denn die „Steckdosen" – nichts anderes heißt Enchufes – funktionieren heute wie einst.

Mord verhindert deutsches Duo

Manfred Meisel war kein Kind von Traurigkeit, und nach einigen Drinks im „Carrusel" kam er immer wieder auf das Thema: „Horst, wir beide müssten geschäftlich eigentlich doch etwas zusammen machen, als deutsches Duo wären wir auf Mallorca unschlagbar." Meine Antwort war „Gerne, darüber können wir ja einmal reden". So verabredeten wir, bald konkretere Pläne auszuarbeiten.

Zwei Tage vor seiner Ermordung hatte ich mit ihm noch ein längeres Telefonat. Da wir von der mallorquinischen Konkurrenz immer härter mit Intrigen und Anzeigen bekämpft wurden, machte ich ihm den Vorschlag, eventuell eine offizielle deutsche Interessengemeinschaft zu bilden. Man könnte darüber nachdenken, ob es sinnvoll wäre, die Vereinigung in Form einer deutschen Partei mit dem Namen „Amigos alemanes en Mallorca", also „Deutsche Freunde auf Mallorca", zu gründen. Wir vereinbarten, uns zu einem späteren Zeitpunkt zu treffen, um das in Ruhe zu besprechen. Zu dem Treffen kam es nicht mehr. Der Mord an Manfred Meisel wurde nie aufgeklärt. Der anonyme Anrufer, der mich mit Mord bedroht hatte, nie identifiziert.

Die deutsche Partei auf Mallorca

Wie immer, wenn deutsche Medien über Mallorca berichten, kommen sie gerne auch bei mir vorbei, und so war es auch bei Meisels Ermordung. Zum Hergang des Verbrechens konnte ich ihnen natürlich keine Auskunft geben. Ich war zwar einige Male in seinem Haus zu Gast gewesen, das ich schon kannte, als es noch einer schillernden Figur, dem „Außenminister von der Doggerbank", gehörte, aber mehr war mir nicht bekannt. Ahnungslos und naiv reagierte ich denn auch auf die journalistischen „Verhöre". „Wann haben Sie zum letzten Mal Kontakt mit Manfred Meisel gehabt?", war eine der oft gestellten Fragen. „Ich hatte noch vorgestern ein Telefonat mit ihm", antwortete ich arglos. „Um was ging es?", bohrte der TV-Reporter nach. Ohne mir etwas dabei zu denken, erzählte ich von meiner Idee, eine deutsche Interessengemeinschaft, gegebenenfalls in Form einer politischen Partei, zu gründen. Und natürlich auch, dass ich Meisel eingeweiht und gefragt hatte, ob er Lust habe, mitzumachen „Wie bitte, eine deutsche Partei auf Mallorca?", fragte der Journalist entgeistert.

Ab diesem Moment wurde alles andere in unserem Gespräch für ihn unwichtig. Jetzt kamen ausschließlich bohrende Fragen über mein Vorhaben der Gründung einer deutschen Partei auf Mallorca. Da das bis dahin nur eine vage Idee ohne Konzept war, konnte ich dazu auch noch nichts Konkretes sagen. Nachdem das Interview am selben Abend im deutschen Fernsehen ausgestrahlt worden war, begann auch schon der Hexentanz. Ab dem nächsten Tag wurde ich zum Gejagten der deutschen und mallorquinischen Medien, die von nun an nur noch an dem Thema „Deutsche Partei auf Mallorca" interessiert waren.

Ausgerechnet in dieser Zeit musste ich nach Deutschland fliegen, denn ich hatte einen Termin für eine Nasenoperation in den Städtischen Kliniken in Fulda. Noch während meines Klinikaufenthaltes berichtete die Bildzeitung von meiner Idee: „Deutscher Metzger und Brauereibesitzer will deutsche Partei auf Mallorca gründen." Auch die Medien auf Mallorca überschlugen sich mit Nachrichten über mein Vorhaben. Längst war das für sie keine Idee mehr, jetzt war es schon Fakt: Der „Wurstkönig von Mallorca" will es den Einheimischen zeigen und mit seinem Vorhaben die Übernahme der Mittelmeerinsel als 17. deutsches Bundesland vorbereiten, war der Tenor der Berichterstattung.

Da ich über zehn Tage abwesend war und mich gegen die bösartigen Unterstellungen in der mallorquinischen Presse nicht wehren konnte, wurden immer neue, immer fantastischere Behauptungen aufgestellt und tags darauf als Tatsache verkauft. So wurde die mallorquinische Bevölkerung mit Lügen, Unterstellungen und Verleumdungen gegen mich aufgehetzt, ohne dass ich davon detailliert Kenntnis hatte. Alle möglichen Politiker, bis hin zum Ministerpräsidenten Jaume Matas bezogen Stellung gegen mich. In dem Bergdorf Puigpunyent wurde ich auf großen Plakaten an Litfaßsäulen öffentlich mit einem besonders hässlichen Foto als Inselfeind angeprangert.

Ein Freund aus Soller erzählte mir, in dieser Zeit kam ein Nachbar zu ihm und sagte „Tut mir leid, wenn ich dir jetzt deine Mülltonne umwerfen muss. Wir, die Einwohner der Stadt, haben beschlossen, dass wir als Reaktion auf das Vorhaben des Deutschen Abel, eine Partei zu gründen, allen Deutschen in Soller die Mülleimer umwerfen werden." In anderen Orten auf der Ferieninsel kam es zu spontanen Demonstrationen, bei denen ich mit feindlichen Parolen öffentlich für mein Vorhaben angeprangert wurde.

In den Tageszeitungen erschienen Karikaturen, auf denen ein Nazi-Metzger zu sehen war, der „Chorizos" am Fleischerhaken aufhängte. „Chorizo" hat im Spanischen eine Doppelbedeutung. Zu einem ist es eine typische Rohwurst und zum anderen nennt man auch kleine Gauner so. Es wurde der Eindruck erweckt, dass der hässliche Deutsche es jetzt darauf abgesehen habe, nach Naziart für Ordnung auf Mallorca zu sorgen. Dabei wurde mit Hakenkreuz-Symbolen nicht gespart.

Kritik auch aus der Heimat

Auch die deutschen Medien warfen mir einen „erschreckenden Mangel an Sensibilität" vor. Journalisten, die gar nicht wussten, um was es eigentlich ging, meinten, wenn ich jetzt Morddrohungen bekäme, so geschehe mir das recht. Mallorquinische Medien spekulierten derweil, rein rechnerisch könnte diese Partei – sollte sie denn erst einmal existieren – leicht zum Zünglein an der Waage werden, wenn es um wichtige kommunale Entscheidungen auf der Insel gehe. Das war für alle, insbesondere für die regierenden Gemeindeparteien, eine albtraumhafte Vorstellung.

Nur einige gute Bekannte, Einheimische und „Forasters", wie Fremde von der spanischen Halbinsel in Mallorca genannt werden, sprachen mir Mut zu. Auf der Insel sind mit dem Wort „Forasters" vor allem die zugereisten Festlandspanier gemeint, denen der Zugang zur Gesellschaft der Mallorquiner meist verwehrt ist. Viele von ihnen leiden massiv darunter, da normalerweise auch ihre auf Mallorca geborenen Nachkommen „Forasters" bleiben. In der Kastenordnung der Inselbewohner rangieren sie noch hinter den „Guiri", so nennen die Einheimischen abfällig die auf der Insel lebenden Ausländer, egal ob sie aus der Europäischen Union oder einem fernen Teil der Welt kommen. Inzwischen hat die Regierung aus taktischen Gründen einem – laut Presseberichten – ehemaligen Zimmermädchen das Ministerium für Ausländer-Angelegenheiten anvertraut. Zu den Aufgaben der Ministerin gehört es, auch die „Forasters" in Mallorca zu integrieren. Eine skurrile Situation: Man stelle sich einmal vor, die Bayern würden ein Ministerium für die Integration von zugereisten Preußen einrichten.

Flucht von der Insel

Mich jedenfalls trafen auf Mallorca nur noch finstere, feindliche Blicke, und ich bekam es langsam mit der Angst zu tun. Meine Geschäfte wurden massiv boykottiert, und auch meine Familie fühlte sich geächtet und bedroht. Die kurzfristige Flucht von der Insel schien mir zumindest eine Rettung auf Zeit aus dieser Situation zu sein. Ich flog nach Deutschland zur Kur nach Oberstaufen. Als mich auch dort Journalisten und Fernseh-Teams aufspürten, flüchtete ich in das einsame Rhönparkhotel fern der deutschen Medienzentren, um meine Ruhe zu finden. Aber auch dort fand man mich und wollte Interviews zum Thema „Deutsche Partei auf Mallorca". Sogar „Le Monde" In Frankreich, die britische „Times", belgische, holländische, österreichische und polnische TV- und Printmedien, ja selbst eine Zeitung aus Kalifornien, interessierten sich für das Thema. Ich machte notgedrungen gute Miene zum bösen Spiel.

Es gab einige Foto-Termine, und ich hatte unzählige Auftritte in allen möglichen Fernsehprogrammen in ganz Europa. Neben aktuellen Interviews bekam ich Einladungen zu rund 20 verschiedenen Talk-Shows in Deutschland, auf Mallorca und auf dem spanischen Festland.

Alle wollten „den verrückten Wurstkönig mit seiner komischen Partei auf Mallorca" kennenlernen. Selbst Harald Juhnke kalauerte bei einem gemeinsamen Auftritt im Fernsehen: „Und wenn du der Wurstkönig von Mallorca bist, dann bin icke der König von Berlin."

Das Positive bei den Fernsehauftritten war, ich lernte dabei eine Menge interessanter Menschen aus allen Bereichen des Lebens, darunter Politiker, Popstars, Schriftsteller, Film- und TV-Stars und andere Promis, kennen. Manche sind gute Freunde geworden, die sich immer wieder bei mir melden.

Die Medien haben mich bis heute nicht vergessen, gerne fragen sie bei mir an, um meine Meinung zu aktuellen Entwicklungen auf Mallorca zu hören.

Der Wurstkönig im Mallorca-TV

Wie bei einem Tribunal, hatte das Insel-Fernsehen im Juli 1998 eine Arena im Sende-Studio aufgebaut in der Absicht, mich öffentlich für mein Vorhaben, eine deutsche Partei auf Mallorca zu gründen, vor laufenden Kameras abzuurteilen. Ich bekam eine Einladung zu einer Talk-Show im mallorquinischen Fernsehen.

Dass man dort vorhatte, mich fertig zu machen, war mir vorher nicht bewusst. Rechts und links hatte man zwei Tribünen aufgebaut, an den Rängen mit etwa 30 Personen besetzt, von denen man wusste, dass sie mir feindlich oder zumindest kritisch gegenüberstanden. Es gab sowohl deutsche Schleimer als auch mallorquinische Prominenz.

Als ich den Saal betrat und die Situation erfasste, fühlte ich mich wie in einem Gerichtssaal. An den Gesichtern, die mir fast alle fremd waren, konnte man die negative Einstellung mir gegenüber ablesen. Zu meiner Überraschung fand dann die Diskussion auch noch in Mallorquin statt, der Sprache der Einheimischen, die ich nur zum Teil verstehe. Auch davon hatte man mir vorher nichts gesagt.

Angst vor dem Feinde kenne ich nicht, und so stellte ich mich den äußerst aggressiven Attacken gegen mich.

Besonders ein deutschstämmiger Spanier, ein Jurist, und ein deutscher Künstler versuchten, mich auf üble Art fertigzumachen. Auch der Sozialistenführer im Stadtrat von Palma, Josep Moll Marques, attackierte mich in scharfer Form. Bei Moll, den ich damals noch nicht kannte und der später der zweite Vorsitzende in meiner Associació Alemanya i Mallorquina (AAM) werden sollte, wunderte mich das im Nachhinein nicht mehr, denn unsere politischen Ansichten sind fast

immer konträr, und das wird wohl auch so bleiben.
Als deutsche Fernsehsender, die von Mallorca berichteten, das herausgefunden hatten, wurden wir öfters zu deutschen Sendungen eingeladen, fast immer ohne uns vorher mitzuteilen, dass auch der andere kommen würde. Wir haben dann auch jedes Mal unsere unterschiedlichen Meinungen vertreten, ohne uns allerdings persönlich zu beleidigen.

Bei unserem ersten Zusammentreffen war das anders, da schoss Moll aus allen Rohren gegen mich. Das Thema war meine Idee einer deutschen Partei auf Mallorca und die Integration der Deutschen auf der Insel. Moll vertrat damals noch die These, ein Deutscher, der auf Mallorca wohnen wollte, müsste auch unbedingt Mallorquin lernen. Da bin ich anderer Meinung. Wenn sich jemand die Mühe macht, Spanisch zu lernen, sollte das in der ersten Generation ausreichen. Integration ist auf Mallorca immer und besonders wegen der beiden Sprachen eine Angelegenheit der zweiten Generation. Die Kinder, sowie mein Nachwuchs, die einheimische Schulen von Mallorca besuchten und später auch noch mallorquinische Lebenspartner wählen, lernen ganz von selbst die Sprache der Insulaner.

Während die bei der Sendung anwesenden Deutschen mich mehrheitlich anfeindeten, um sich bei den Mallorquinern beliebt zu machen, hatten die anwesenden Einheimischen wie der angesehene Professor Pere Salvà Verständnis für meine Ansichten. Sie räumten ein, dass die mallorquinischen Politiker zwar gerne von Integration und deutscher Ghetto-Bildung reden, aber nicht bereit sind, etwas für eine Veränderung der Situation zu tun.

Schuss nach hinten

Zum Schluss kamen die 16- bis 18-jährigen Schüler zweier Klassen zu Wort. Die hatten sich wohl im Unterricht mit dem wenig differenzierten Vorwurf beschäftigt, die bösen Deutschen kauften die Insel auf, wodurch das Wohneigentum auf Mallorca unbezahlbar werde. Dadurch seien besonders die jungen Mallorquiner finanziell nicht mehr in der Lage, sich eine Wohnung zu kaufen.

Jetzt wollten sie dem Deutschen im Fernsehen einmal richtig den Marsch blasen zu den vermeintlichen Sünden seiner Landsleute.

Ich war in der Lage, so meine ich, alle gegen mich vorgebrachten Argumente Stück für Stück zu widerlegen, und machte ihnen klar, dass sich nicht die Deutschen und schon gar nicht ich persönlich, sondern ihre eigenen Politiker für das Problem zu rechtfertigen hätten. Dass hier die Mallorquiner das große Geschäft mit den Deutschen gemacht haben, wurde einfach ignoriert.

Zudem wurde der größte Teil der Finca-Ruinen von den Deutschen mit viel Liebe und Geld restauriert. Solche Immobilien bleiben auf der Insel und tragen zu ihrer Attraktivität bei, versuchte ich den Zuhörern klarzumachen.

Zum Ende der zweistündigen Sendung gingen meinen Kontrahenten die Argumente aus. Man hatte den vermeintlich dummen deutschen Metzger, so wie ich bis dahin immer in der mallorquinischen und auch in der deutschen Presse auf Mallorca dargestellt worden war, unterschätzt. Ihn einmal so richtig durch das Fernseh-Tribunal öffentlich fertigmachen zu können, diese Rechnung, war für die Veranstalter nicht aufgegangen.

Der Profiteur der Sendung hieß zum Schluss Horst Abel. Der Moderatorin blieb bei ihrem Abschlusswort nichts anderes übrig, als zu sagen: „Herr Abel, alle hier waren gegen Sie angetreten, aber jetzt am Ende – ich weiß nicht, wie Sie das fertigbekommen haben – gibt es nur noch Sympathie für Sie, besonders bei den mallorquinischen Teilnehmern."

Von Stund an änderte sich die Einstellung der meisten Einheimischen mir gegenüber. Die Vorurteile hatten plötzlich an Gewicht verloren. Immer wieder wurde ich auf der Straße von Mallorquinern angesprochen, die meinten, es sei doch schade, dass ich mit meiner Partei der Integration und der deutschmallorquinischen Freundschaft nicht weitergemacht hätte, denn ein bisschen frischer Wind hätte den Politikern der etablierten Parteien gewiss gut getan.

Hetze gegen Ausländer

„Nazi raus" ist eine Parole, die man immer wieder an den Hauswänden in Palma lesen kann. „Verteidigt euer Territorium", so steht es in Landessprache auf groß aufgemachten Plakatwänden rund um die Insel. „Wir wollen nicht mehr Touristen haben", war der Tenor auch in den Medien auf Mallorca, „denn die Deutschen kaufen uns auf der Insel alles weg. Deshalb sind sie auch daran schuld, dass alles teurer wird und wir Mallorquiner uns keinen Wohnraum mehr leisten können." Die Deutschen seien schließlich auch verantwortlich für die Wasserknappheit.

Durch diese Hetze wurden Ende der 90er Jahre besonders die Deutschen zu den Buhmännern der Insel. Im Juli 1999 verlor die PP, die prozentual stärkste Zentrumspartei auf Mallorca, vergleichbar der CDU in Deutschland, die Mehrheit im Parlament. Die eigentlichen Wahlverlierer, Sozialisten, Nationalisten, Grüne und Kommunisten, schlossen sich zusammen und bildeten die neue Regierung. Ihr Name „Fortschritts-Pakt" klang vielen wie Hohn, denn von nun an ging es mit dem Tourismus und damit auch wirtschaftlich auf Mallorca bergab. Die Urlauber, vor allem an der Platja de Palma, ließ man spüren, dass sie nicht mehr gerne gesehen waren.

Der Tourismusminister Celestí Alomar, und die Präsidentin des Inselrates Maria Antonia Munar traten dabei mehr als einmal ins Fettnäpfchen. Alle deutschen Medien, so auch der

„Spiegel" und die „Bildzeitung", überschlugen sich mit Negativberichten, die sie mit touristenfeindlichen Äußerungen aus der Regierungsmannschaft belegten.

Auch die Gangart der Polizei gegenüber den deutschen Touristen wurde merklich schärfer. In der Bierstraße habe ich miterlebt, wie mitten im Hochbetrieb der Saison plötzlich ein Kommando der Polizei anrollte. Da wurden den deutschen Gästen die Stühle unter dem Hintern weggerissen und auf bereitstehende Lastwagen verladen. Die verdutzten Gäste wussten nicht, wie ihnen geschah. Was war da los? Durch eine rote Markierungslinie wird die vom Restaurantbetreiber von der Stadt gemietete Terrasse von dem Verlauf der Straße getrennt. Die ahnungslosen Biertrinker, die davon nichts wussten, waren mit ihrem Hocker versehentlich etwas über diese Linie gekommen.

In einem anderen Fall spielten Männer am Strand Fußball, der Ball sprang auf den Gehsteig. Ein vorbeikommender Polizist nahm den Ball an sich und verlangte eine saftige Strafe. Der Deutsche, der den Ball zurückhaben wollte, glaubte zunächst an einen Scherz des Beamten. Als der Ballspieler dem Polizisten seinen Ball entreißen wollte, eskalierte die Situation. Der Ordnungshüter forderte Verstärkung, an und wenn ich nicht vermittelt hätte, wären die Deutschen im Polizeiwagen abtransportiert worden. Solche Polizeiaktionen gegen meine Landsleute sahen für mich nicht nach Zufall, sondern nach System aus.

Welcher Tourist möchte seine Ferien in einem Land verbringen, in dem er nicht gerne gesehen ist? Deutsche Touristen blieben ab dem Jahr 2000 massiv weg. Die Umsätze an der Platja in El Arenal gingen um fast 50 Prozent zurück. Die Inselratspräsidentin wurde mit dem Motto zitiert „Wir wollen lieber Golf- und Luxustourismus."

Zu guter Letzt hatte man dann noch die Schnapsidee, die Touristen mit einer Sonderabgabe, einer so genannten Ökosteuer, abzuzocken. Dabei hat Mallorca als reichste Region Spaniens genug Kapital, um selbst für den Schutz der Natur zu sorgen. Die Türkei, Bulgarien, Rumänien und andere Touristen-Regionen freuten sich über ihren unerwarteten Zuwachs an deutschen Touristen, die Mallorca daraufhin den Rücken kehrten. Auch die auf der Insel lebenden Ausländer konnten den von der Regierung gelenkten Stimmungsumschwung spüren, und die Möbelwagen, die vormals nur in Richtung Nord-Süd verkehrten, fuhren ab jetzt immer öfter beladen in Richtung Festland.

Heutzutage würde man sich von diesen Vorkommnissen gerne distanzieren.

Aber viele Beispiele für eine verfehlte Tourismuspolitik sind unvergessen: Der „Palma-Kurier" schrieb in seiner Ausgabe vom 6. April 2000: „Diffamierung im Parlament, Alomar verunglimpft deutsche Investoren." Weil die Deutsche Kemler-Gruppe, die beiden Fincas „Es Verger" und „Aubarca" erwerben wollte, kaufte die Regierung den Interessenten diese mit überhöhtem Preis im Eilverfahren vor der Nase weg. Die Deutschen hatten vor – in Absprache mit der Regierung –, dort einen Naturpark zu eröffnen. Was war daran so falsch? Nach Auskunft des deutsch-mallorquinischen Unternehmerverbandes war die Regierung schließlich von Anfang an über das Vorhaben informiert worden.

Angst um die Seele

Bei der Modeschöpferin Jil Sander war das ähnlich: Als die Balearen-Regierung Wind davon bekam, dass die Deutsche das Landgut „La Raixa" erwerben wollte, entschloss man sich, es ihr vor der Nase wegzukaufen. Auch die Beteuerung von Jil Sander, das heruntergekommene Anwesen mit Millionen-Beträgen renovieren zu wollen und es dann zur öffentlichen Besichtigung freizugeben, konnten die Politiker nicht umstimmen.

„Die Deutschen kaufen auch unsere Seele auf", beklagten sich einige Einheimische. Viele haben den Eindruck, dass sie mit dem Verkauf ihrer Fincas auch einen Teil ihrer Identität verloren haben. Da bin ich anderer Meinung, die von den Deutschen gekauften Fincas wurden in ihrer Mehrzahl vor dem sicheren Verfall gerettet und liebevoll mit viel Geld und Liebe im mallorquinischen Stil von den Käufern restauriert.

Das wird zwischenzeitlich auch von einigen Insulanern anerkannt. Wenn ich auf das Thema angesprochen werde, sage ich immer: „Keine Angst, alle Fincas bleiben euch für immer auf Mallorca erhalten, es wird wohl keinen geben, der sie abbaut und mit nach Alemania nimmt."

Am eigenen Ast gesägt

Der Mallorquiner Josep Oliver, Präsident des balearischen Unternehmerverbandes, stellte bei passender Gelegenheit fest: „Die übertriebenen Horrormeldungen über die Wasserknappheit und die wachsende Ausländerfeindlichkeit hatten in diesem Jahr eine negative Auswirkung auf den Tourismus und damit auf die Haupteinnahmequelle der Balearen." Und er fuhr fort: „Genährt werden die Horrormeldungen von den Politikern."

Auch ich habe zu dieser Zeit immer wieder in verschiedenen mallorquinischen Zeitungen auf die Missstände hingewiesen.

Im Parlament bekamen Jugendliche die Gelegenheit, Abgeordnete zu spielen, dabei konnten sie ungestört gegen die Deutschen auf Mallorca vom Leder ziehen, ohne dass es einer der anwesenden Politiker für notwendig empfunden hätte, das zu unterbinden oder richtigzustellen. Erst als die meisten Mallorquiner spürten, dass die Regierung an dem Ast sägte, auf dem sie alle saßen, erkannten sie, Insel-Nationalismus ist zwar schön für den eigenen Stolz, aber schlecht für den Geldbeutel. Als dann überraschend die PP unter Jaume Matas nach der

Wahl im Jahr 2003 wieder das Regierungsruder übernahm, versuchte man zu korrigieren, was die Vorgänger verpfuscht hatten.

Rückschläge gibt es allerdings immer wieder: Am 12. September 2006 anlässlich des mallorquinischen Feiertages „Diada de Mallorca", hat die Vorsitzende der Partei UM (Unio Mallorquina), Maria Antonia Munar, die auch Inselratspräsidentin ist, wieder zugeschlagen. Zunächst ließ sie über 100 000 mallorquinische Fahnen mit der Aufforderung verteilen, damit alle Häuser und Balkons auf Mallorca zu beflaggen.

Ich gehe davon aus, dass sie im Fernsehen die vielen Fahnen anlässlich der Fußballweltmeisterschaft in Deutschland gesehen hatte und dachte: „Was die können, kann ich auch." Nur der Zweck war ein anderer. Ihre Ausführungen anlässlich des Feiertages beweisen, sie wollte mit Nachdruck, den von ihrer Partei propagierten Insel-Nationalismus vertreten. Sie warnte vor dem Einfluss des ausländischen Kapitals auf Mallorca. Die in den vergangenen Tagen gehissten Fahnen seien ein Symbol für den täglichen Widerstand der Insulaner gegen die „auswärtige Wirtschaftsmacht", verkündete sie öffentlich, man solle Widerstand gegen diejenigen leisten, die die Insel kaufen wollten. Womit ebenso Festland-Spanier wie auch andere europäische Unternehmen gemeint sein dürften. In Bezug auf die Zuwanderung nach Mallorca meinte sie wörtlich: „Ich glaube, es ist hier kein Platz mehr."

Mit dem Nationalfeiertag gedenken die Mallorquiner der Landung des katalanischen Königs Jaime I. im Jahr 1229, der die Insel von den Arabern zurückeroberte. Die von Munar angestrebten Parallelen sind bei ihrer Aktion unübersehbar. Besonders die auf Mallorca lebenden Unionsbürger fühlten sich denn auch von der Inselrats-Präsidentin diskriminiert. Deutsche Residenten zeigten sich bestürzt über ihre Äußerungen. Viele bekundeten ärgerlich, sie wollten ihre Inselfahne wieder zurückgeben, und baten darum, für die Rückgabe eine Stelle zu benennen.

Selbst einige mallorquinische Politiker sprechen mittlerweile von einer „gefährlichen Tendenz auf Jörg-Haider-Niveau". Wieder einmal hat man im nationalistischen Taumel vergessen, wie wichtig auch nichtmallorquinische Firmen wie die TUI, deutsche Fluggesellschaften und deutsche Unternehmer – zu denen ich mich zähle – für die Wirtschaft der Insel sind.

Als Nazi abgestempelt

Wie empfindlich man seinerzeit auf der Insel Fremden gegenüber reagierte, zeigt auch das Schicksal eines Managers, der über jeden Zweifel erhaben ist: Joachim Hunold, Geschäftsführer der Air Berlin, eine der erfolgreichsten deutschen Ferienfluglinien, die jährlich einige Millionen Touristen nach Spanien bringt und somit auch maßgeblich zum Wohlstand der Mallorquiner beiträgt, wagte es einmal, die Tourismus-Politik der letzten Inselregierung zu kritisieren.

Daraufhin wurde er umgehend von mallorquinischen Medien als Nazi abgestempelt und sein Foto in den Gazetten mit einem Hakenkreuz versehen. Ein „Estranger" – auf mallorquinisch Ausländer – darf es sich nicht erlauben, mallorquinische Politiker, in diesem Fall der letzten sozialistisch-kommunistisch-grünen Insel-Regierung, zu kritisieren.

Deutsche in Mallorca werden ohnehin schnell als Nationalsozialisten beschimpft, wenn alle anderen Argumente und Schimpfwörter aufgebraucht sind. Besonders im Straßenverkehr werden Fahrer in Autos mit deutschem Kennzeichen rasch zu „Nazis". Dabei denke ich, dass die Mallorquiner entweder ihre eigene Geschichte nicht kennen oder die Waffenbrüderschaft von Hitler mit Franco – auch von Inselbewohnern gebilligt – vergessen haben. Aber die Deutschen sind seit jeher willkommener Sündenbock für Fehlentwicklungen, gleich ob es um die Wasserknappheit geht, den Ausverkauf Mallorcas oder die ins Unermessliche gestiegenen Grundstücks- und Mietpreise.

Fein und gemein

Das alles scheint nicht zum alltäglichen Erscheinungsbild der Mallorquiner zu passen. Sie haben normalerweise eine feine, zurückhaltende Art, mit anderen Menschen umzugehen. Choleriker wie auf dem spanischen Festland oder in meiner Heimat findet man selten. Aber die Zurückhaltung im Umgang ist zugleich eine Schutzmaßnahme: Einen Mallorquiner zu durchschauen, ist für einen Deutschen fast unmöglich, es sei denn, er ist ein intimer Kenner der Inselbevölkerung. Oft meint der Mallorquiner nämlich genau das Gegenteil dessen, was er sagt. Selbst wenn er Antipathie gegen jemanden empfindet, wird derjenige das kaum spüren. Auch wenn der Mallorquiner beabsichtigt, einen Konkurrenten auszustechen oder dessen Firma zu schädigen, wird er nie frontal angreifen. Über sein Netz der „Enchufes" kann er jeden Fremden fertigmachen, ohne dass der merkt, wer dahintersteckt.

Das System funktioniert wie folgt: Bekommt ein Einheimischer Probleme mit der Behörde oder mit dem Gesetz oder will er etwas erreichen und Gesetze und Verordnungen umgehen oder wichtige Kontakte knüpfen, wird analysiert, wer aus dem Familien-Clan oder näheren Bekanntenkreis sich für die Aktion am besten eignet. Durch die Vernetzung der Clans wird man meist schnell fündig. Da gibt es die Cousine, den Onkel, die Oma oder auch den Schulfreund, den Bekannten, der einem noch eine Gefälligkeit schuldig ist, den willfährigen Funktionär oder den Politiker, der eine Leiche im Keller hat, von der man weiß: Alles Kontaktpersonen in einer verschworenen Insel-Gemeinschaft, die genutzt werden können. Nach diesem seit Jahrhunderten funktionierenden Prinzip gegenseitiger Hilfe lässt sich fast alles regeln und erreichen. Gegen dieses System der Enchufe ist fast jedes Gesetz und insbesondere jeder „normale" Foraster (Fremde) und Guiri (Ausländer) machtlos.

So wäre Boris Becker besser beraten gewesen, wenn er seine Probleme mit den mallorquinischen Behörden über Enchufes hätte regeln können, so wie der US-Schauspieler Michael Douglas, der in einem historischen Schloss von Ludwig Salvator wohnt.

Gerade die blauäugigen Deutschen werden da leichte Opfer. Ein Mallorquiner sagte mir einmal: „Wenn ein Deutscher einen Plan hat, können wir sofort sein Vorhaben durchschauen. Warum geht ihr nicht wie wir ein bisschen im Zickzack-Kurs auf euer Ziel los? Niemand wird dann erkennen können, was du wirklich planst. Ihr Deutschen seid einfach zu ehrlich, zu deutlich und zu direkt."

Keine Chance vor Gericht

Im Juli 1995 musste der von den Mallorquinern geliebte und geschätzte Ex-Ministerpräsident Gabriel Canellas wegen des Bestechungsskandals um den Sóller-Tunnel zurücktreten. Als er dafür vor den Kadi gezerrt wurde, war klar, eine Verurteilung kam für ihn als Einheimischen in dieser Position nicht in Frage. Der Prozess wurde so lange verschleppt, bis die Angelegenheit verjährt war. So viel „Goodwill" darf jedoch ein Ausländer oder ein Forester nicht erwarten.

Bei mir hielt es damals das Gericht in Palma gleich zweimal für notwendig, mir Bewährungsstrafen aufzubrummen. In beiden Fällen ging es um den Heroinsüchtigen „Pille", einen Deutschen, der in der Disco des mallorquinischen Paten (sein Name kann aus verständlichen Gründen nicht genannt werden) beschäftigt war und dort mit Drogen dealte. Ein guter Bekannter von mir, der deutsche Agent Charly, ein Mitarbeiter des Verfassungsschutzes, hatte ihn beim Dealen beobachtet und mir gesteckt, dass er außerdem an der Nadel hing und sich das Zeug in die Füße spritze, um nicht aufzufallen. Mit solch kleinen Strolchen gebe er sich jedoch nicht ab.

Pille war zuvor bei mir als Geschäftsführer angestellt gewesen, wegen Unregelmäßigkeiten aber von mir gekündigt worden. Das hatte er mir wohl nicht verziehen. Dass ich jetzt auch noch über seine Aktivitäten und über seine Drogensucht Bescheid wusste, war dem Dealer und vermutlich auch seinem Boss ein Dorn im Auge. Mein Freund Jaime, ein einflussreicher einheimischer Rechtsanwalt, der mich über 30 Jahre juristisch vertrat, hatte mich schon vorgewarnt: „Horst, wenn du eines Tages einen Gerichtsprozess bekommst und der Pate im Spiel ist, musst du wissen, dass ich dich dann nicht vertreten werde. Von ihm erhielten ich und meine Familie schon mehrfach Mord-Drohungen, die ich sehr ernst nehme. Ich muss dir gestehen, ich habe ganz einfach Angst vor ihm. Außerdem hast du keine Chance, einen Prozess gegen ihn oder seine Handlanger auf Mallorca zu gewinnen."

Jaimes Ahnung bestätigte sich: Das erste Mal ging es um einen Arbeitsgerichtsprozess, der damals in einem verwahrlosten Gebäude, der alten Grand-Hotel Ruine an der Plaza Weyler abgehalten wurde. Pille, damals bei dem Disco-Paten in Brot und Arbeit, behauptete, ich hätte ihn als Zeuge bei einem anderen Prozess bedroht, was schlicht gelogen war. Der Richter des Arbeitgerichtes übergab die Angelegenheit an das Gericht an der Plaza Weyler mit der Maßgabe, mich zu verurteilen. Beim Prozess stand Aussage gegen Aussage, und das Gericht gab dem Junkie Recht, so wie es mir mein Freund Jaime vorausgesagt hatte. Ich wurde zu sechs Monaten Haft auf Bewährung verurteilt.

Pilles Rachegelüste schienen damit zunächst erst einmal gestillt, und von nun an konnte er allen Gästen der Konkurrenz-Disko erzählen: „Ich, Pille, habe es geschafft, dass der berühmte Abel jetzt sechs Monate bekommen hat und vorbestraft ist." Aber er gab dann noch keine Ruhe, und schon ein Jahr später zeigte er mich an und behauptete, ich hätte ihn erneut bedroht. Obgleich fünf Zeugen bei Gericht beeiden konnten, dass die Behauptung nicht stimmte, da ich zum entscheidenden Zeitpunkt nicht am Ort des Geschehens war, glaubte das Gericht dem DJ des Paten. Es ignorierte meine Aussage und die der fünf deutschen Zeugen, und ich wurde erneut verurteilt.

Ich glaube, dass die alten Zeiten mittlerweile der Vergangenheit angehören, jetzt wo Spanien demokratisch ist und zur EU gehört, hat sich auch auf Mallorca vieles geändert.

Kurz nach meinem Gerichtstermin legte sich der geltungsbedürftige Junkie übrigens mit Hasso, dem Mietwagenkönig, an. Bei Hasso, der immer noch sehr gute Beziehungen zur Guardia Civil hatte, war er jedoch an den Falschen geraten, und der verrückte DJ wurde, ehe er sich versah, ausgewiesen, zurück nach Alemania.

Mallorquinisches Understatement

Ein sympathischer Charakterzug der Mallorquiner ist ihr Understatement. Die meisten sind Tiefstapler und treten immer bescheiden, nie aber protzig auf. Dabei legen sie es geradezu darauf an, unterschätzt zu werden. Damit kann ich mich als Wahl-Mallorquiner gut identifizieren. Einen Einheimischen lernt man denn auch nicht in seinem feudalen Stadtbüro in Palma kennen. Erst wenn dem Gast die Ehre zuteil wird, mit dem Gastgeber auf seiner alten Finca mit rohen Bruchsteinwänden am offenen Kaminfeuer mallorquinischen Wein zu trinken und Sobrassada zu essen, bekommt man Einblick in die mallorquinische Seele und die Möglichkeit zu einem beschränkten Zutritt zur geschlossenen Inselgesellschaft.

Zu Gast beim Schlachtfest

Das gilt auch für die Teilnahme an einem Schlachtfest: Für mich als gelernten Metzger sind es Sternstunden, mit den Einheimischen ein Schlachtfest feiern zu dürfen. Es ist eine besondere Ehre, wenn ein Fremder dazu eingeladen wird. Schon mehrmals hatte ich bei mallorquinischen Freunden die Möglichkeit, einem solchen Fest beizuwohnen. Zuletzt konnte ich in Santa Margalida gemeinsam mit meinem Freund Claudi Fröhlich vom WDR dabei sein. Claudi hatte ich als Regisseur bei der Mallorca-Sendung mit Sabine Christiansen kennen gelernt, bei der ich als Talkgast eingeladen war. Ich konnte ihn dazu überreden, einen Film von dem typisch mallorquinischen Fest zu drehen. Und weil unsere Eindrücke vom Geschehen naturgemäß ganz verschieden sind, gibt es darüber zwei Versionen.

Beginnen wir damit, wie ich das Schlachtfest erlebt habe: Das Schwein, das auf seiner Finca mit freiem Auslauf und eigener Behausung lebte, wurde in den frühen Morgenstunden des Sonntags mit geistlichem Beistand des Ortspfarrers, der höchst persönlich das Messer ansetzte, geschächtet. Die Schäfchen des Popen mussten an diesem Sonntag ohne seine Segen auskommen, denn er gab voller Begeisterung dem Schlachtfest den Vorzug vor seiner Kirchengemeinde und war bis zum Schluss an allen Aktionen voll beteiligt.

Das Einzige, was mir als deutschem Metzger nicht gefiel, war, dass die arme in Todesangst schreiende Sau durch „Schächten", also Ausbluten bei lebendigem Leib, ihr Leben hatte lassen müssen. Sicherheitshalber hatte ich meinen Schussapparat im Kofferraum meines Wagens mitgebracht. Aber davon ließ man mich keinen Gebrauch machen, da nach mallorquinischem Verständnis ein Schwein nur dann richtig ausblutet, wenn es ohne vorherige Betäubung abgestochen wird, was aus meiner Sicht totaler Blödsinn ist. Zwischenzeitlich wurden auf Drängen der EU-Behörden an alle Bürgermeisterämter auf Mallorca Bolzenschussapparate ausgegeben, die dann für die Hausschlachtungen zum Einsatz kommen sollen. Für die Handhabung der Schusswaffe werden die „Matadores" nicht ausgebildet, und so wird man auf „learnig by doing" vertrauen müssen. Ein Risiko, nicht nur für die Schlachttiere.

Mit einem Gasflammenwerfer wurden der Sau die Borsten abgesengt und danach mit viel Brunnenwasser der Korpus gesäubert. Danach wurde sie auf einen Kleintransporter geladen zur nächsten Finca gebracht, wo das Schlachtfest stattfand.

Es war ein wunderschöner sonniger Novembertag, und hinter der idyllischen Finca war in feinem Nebeldunst die Silhouette des malerischen Städtchens Santa Margalida zu erkennen. Etwa 15 Männer und Frauen waren damit beschäftigt, die Schlachtwürste und Fleischdelikatessen vorzubereiten. Dazu gehören Sobrassadas, Butifarras und Camallots, Würste, die typisch sind für Mallorca. Das tote Schwein hing an einem knorzigen alten Johannesbrot-Baum, bevor es in Teile zerlegt wurde.

Wir wurden zum Frühstück gerufen, es gab geröstete Teile von Kopf und Backe und danach ging es an das Wurstmachen.

Nachdem man das Rad eines aufgebockten Seat entfernt hatte, wurde eine Kardanwelle angeflanscht, die an den antiken Fleischwolf angeschlossen wurde. Alle Beteiligten, meistens ältere Männer und Frauen, hatten ihre unterschiedlichen Aufgaben. Die einen kümmerten sich um das Säubern der Därme, die anschließend per Handarbeit und Nähzeug für die Wurst vorbereitet wurden, andere waren in der Küche damit beschäftigt, am offenen Kaminfeuer die verschiedenen Mahlzeiten vorzubereiten.

Ich beobachte einen älteren, etwa achtzigjährigen Mann, wie er aus Schwartenstücken, einer übergroßen Nähnadel und Bindfaden, mit Bedacht und sauberen gleichmäßigen Stichen, dreieckige Beutel nähte, in die später die „Camallots", eine Art Presskopf, gefüllt wurden. „Sind Sie früher Chirurg oder Schuster gewesen", fragte ich scherzhaft und bewunderte seine Arbeit. Etwas abseits in einem Schuppen traf ich ihn später

wieder und beobachte ihn dabei, wie er in einem urigen antiken, mit Holz befeuerten Kessel die dicken Würste kochte. Als er mich sah, fragte er mich: „Verstehst du unsere Sprache?" „Ja, ich spreche „Castellano", also Spanisch, aber mit dem Mallorquin habe ich noch meine Probleme." Die Einheimischen in den ländlichen Gebieten sprechen untereinander nur ihre eigene Sprache. Wenn man Spanisch spricht, fragen sie dann die Umstehenden süffisant: „Was hat er jetzt gesagt?"
Der alte Mann fing an zu erzählen: „Weißt du, dass in früheren Zeiten Mallorca im Besitz von weniger als zwei Händen voll Leuten war? Der Dorfpfarrer hatte das Recht, als Erster die Hochzeitsnacht mit jeder Frau der Gemeinde zu verbringen." Dabei dachte ich, zu dieser Zeit wären wahrscheinlich viele auch gerne „Cura", wie die Geistlichen genannt wurden, geworden. Die lebten wie die Maden im Speck, unterhalten von der schuftenden Dorfbevölkerung, bekamen keine Schwielen an die Hände und begatteten obendrein noch alle jungen Frauen des Ortes. Jetzt kann ich mir auch erklären, warum die Mallorquiner im achtzehnten Jahrhundert die Nase von der Geistlichkeit vollhatten, die Drohnen enteigneten und aus ihren Klöstern vertrieben.
„Die schlimmste Zeit war aber die unseres Bürgerkrieges." Da wurden Tausende Menschen willkürlich umgebracht. Wenn die Roten dran waren, räumte man auf und liquidierte alle Feinde, vor allem die „Franco-Anhänger, und wenn die wieder dominierten, kam umgehend die Revanche. Bei dieser Gelegenheit wurden dann auch so mancher Nachbarschaftsstreit oder strittige Erbahngelegenheiten durch Liquidierung schnell geregelt. Es war auch eine Chance, Gläubiger endgültig loszuwerden. Um diesem willkürlichen Massaker zu entgehen, versteckten sich manche wochenlang auf dem Feld oder in den Wäldern. Die Wunden sind bis heute noch nicht richtig verheilt. Es gab Polizisten, die danach jahrelang aus Angst ihr Haus nicht mehr verlassen konnten, weil bekannt war, dass sie

an den Hinrichtungen beteiligt waren. Sie fürchteten die Rache der Hinterbliebenen. Meistens war das so abgelaufen, dass man Menschen in den Häusern abholte und sie dann außer Sichtweite einfach abknallte."

Eine ältere Frau rief uns zum Mittagessen, es wurden zwei verschiedene Varianten serviert, das typische „Schlachtfest-Frito" und das übliche „Frito Mallorquin".

Obwohl ich das gerne esse, hatte ich nach der „Geschichtsstunde" ein ziemlich flaues Gefühl im Magen, das mir den Appetit verdarb.

Zu dem köstlichen Essen, mit dem sich alle Schlachtfest-Beteiligten die Bäuche vollschlugen, gab es Wein, und zur besseren Verdauung wurden noch einige „Orujo" (spanischer Tresterschnaps) nachgekippt.

Für das mallorquinische „Frito" gibt es, je nach Gegend auf Mallorca, verschiedene Rezepte. Das typische „Schlachtfest-Frito" wird mit gebratenem Blut, Nieren, Milz und viel Frühlingszwiebeln, dazu klein geschnittenen Artischocken und Fleischstücken vom frisch geschlachteten Schwein zubereitet.

Das Frito-Rezept im Anhang ist das Übliche, das man auf Mallorca in jedem einheimischen Restaurant bekommt. Man sagt, das Beste gibt es in Sineu, einem ländlich geprägten Ort in der Inselmitte.

Abends gab es an einem langen, festlich eingedeckten Tisch ein typisches Insel-Gericht, die „Sopa de Matanza" (Rezept im Anhang), eine mallorquinische Schlachtsuppe. Zum Essen wurden Wein, Herbas (Kräuterlikör), Aiguardent und zum Schluss Cava gereicht.

Die Stimmung wurde im Verlauf des Abends immer lockerer, die Gespräche immer offener. Für Außenstehende eine ganz neue Erfahrung in Mallorca. Nachdem alle satt waren, stimmte man mallorquinische Volkslieder an, bei denen ich − so gut ich eben konnte − mitbrummte, denn die Texte auf Mallorquin kannte ich nicht.

Für mich wurde mein erstes Schlachtfest auf der Insel zu einem unvergesslichen Erlebnis. Besonders die Gastfreundschaft der Menschen, die mir zum Teil vorher völlig fremd gewesen waren, hat einen tiefen Eindruck bei mir hinterlassen.

Matanza Mallorquin

Dazu der Bericht meines Freundes Claudi Fröhlich, Regisseur beim WDR in Köln, den ich vollkommen unvorbereitet zu diesem mallorquinischen Schlachtfest eingeladen hatte, denn ich wollte ihn dafür begeistern, einen Fernsehbericht darüber zu machen. Hier nachfolgend sein „Drehbuch":
Sta. Margalida 6.oo Uhr morgens. Dunkle Gestalten verlassen eine Kneipe – es sieht fast nach einer Verschwörung aus. Dann im Morgengrauen auf einer Weide – Alles deutet auf eine geheimnisvolle Mission hin... was geht hier vor?
Mit einem markigen Schrei wird alles klar: Die Sau Esmiralda tritt, von starken Seilen und tapferen Männern treulich geführt, ihren letzten Gang zum Schlachtebaum an.
Da darf sie sich in fünf Minuten die ganzen Sünden ihres bisher so sorglosen Schweine-Lebens – von der Seele schreien. A propos Seele – Kennern zufolge lernt man erst bei einer Matanza – also einem Schlachtfest die goldene Seele des Mallorquiners kennen. Und wahrlich, die Kunst der verzögerten Abschlachtung hat etwas Biblisches – zumal Hochwürden selbst Hand anlegt! Ruhe jetzt – ab in den Schweinehimmel – aber zügig! Hier in Sta. Margalida stirbt keine Sau ohne geistlichen Beistand.
Endlich Stille! Jetzt werden auch die restlichen Akteure bald alle Hände voll zu tun haben! Der schmutzige Corpus fordert Säuberung! Dazu muss er zuerst durchs Fegefeuer! Früher bediente man sich eines brennenden Strohbettes – heute erledigt man das mit Butan und einer Dachdeckerlampe! Nur dass man hier eher „abdeckt".

Dann wird mit viel wertvollem Brunnenwasser geschrubbt, rasiert und poliert bis das Opfer wie ein „rasierter Playboy" aussehen wird − so lachte einer der Mitwirkenden.
Da könnte der Barbier von Sevilla nicht mithalten. In der Tat − so sauber und edel hat man wohl selten ein Pracht-Schwein gesehen. Ein Schwein, von dem jedes Gramm Verwendung finden wird − ...bis auf eine gehörige Portion „mierda" natürlich, der man hier mittels eines Papierstopfens zunächst den Ausgang versperrt hat. Abtransport − einem sonnigen Schlachtefest-Tag entgegen! Es geht nach „Ses Suneres", der Familienfinca der Taulers! Und da geht's „matanzamäßig" weiter: Hochwürden − „Don Felip" schwingt gekonnt ein weiteres Messer und „räumt aus", dass es nur so eine Art hat.....außen und innen sind 15 Paar flinke Hände am Werk, die Sau so filigran zu zerteilen, dass sie der beste Puzzler der Welt nicht mehr zusammensetzen könnte. Da wird zerteilt und sortiert − UND die komplizierte Innenaustattung von Esmiralda − neuen Bestimmungen zugeführt − nur echte Kenner kennen sich da noch aus! Sogar die Schweinefüßchen werden Verwendung finden! Während das Griebenschmalz auf einem neumodischen Gasbrenner schmurgelt, ist in der Küche alte Tradition angesagt: ehrwürdige Kessel und Tiegel auf echtem Holzkohlenfeuer! Hier brutzelt das berühmte „Frito Mallorquín" für den Mittags-Snack, auf den sich all die fleißigen Schnitzler und Metzler schon freuen. Nicht nur schieres Fleisch − auch bizarre „Innereien" warten auf Verwurstung. Don Felip schätzt mehr die edlen Stücke! Und mit Sicherheit geht der heilige Mann in dieser Beziehung nicht leer aus. Ähnlich „Professor Sauerbruch" − der „Schlachte-Chirurg" − der hier kunstvolle Wursttaschen näht. Das Darmgewirr ist inzwischen mit viel frischem Wasser und Zitronen gereinigt − und wartet auf neue Füllung! Und wir warten auf einen „autorisierten Auftritt" − da ist er! Eine selbst geschweißte rustikale Gelenkstange − bildet den Brückenschlag vom Mittelalter in die Neuzeit! Der „Ottomotor-getriebene Familien-Fleischwolf Elma" ...ein Genieblitz

sondershausen! Und derart kräftig angetrieben – verschlingt Elma wirklich alles und verwandelt filigrane anatomische Köstlichkeiten – bei denen einem zart besaiteten Gemüt appetitmäßig Zweifel kommen könnten – in eine gnädig getarnte „Wurst-Füll-Masse"! Sicher gut, dass man nicht alles sieht und weiß, was einem da in der Tapabude oder im Restaurant grade so „einmalig gut mundet"! Und hier lädt Esmiralda sozusagen zur ersten Kostprobe ein – Fritto mallorquin – Genießer mit Fett-Phobie sollten sich hier etwas zurückhalten! Aber echte Mallorquiner – und solche, die es werden wollen – langen voll zu! Wozu gibt es schließlich die hochprozentigen selbst gebrannten Spezialitäten…? Die helfen Galle und Magen unerbittlich auf die Sprünge, mit dem Fett- und Cholesterinangriff fertigzuwerden! Noch ein „Zigärrchen" gefällig?! „Aber ganz besondere", meint die Mutter voller Stolz! Der jüngste Spross strampelte sich vor kurzem in den Rad-Renn-Olymp empor! Klar, dass man mit diesem Ereignis auch Zigarren schmückt. Auf dem Speicher trocknen Früchte und Gewürze, die den verschiedenen Wurstmischungen den spezifischen Pfiff geben. Hier zum Beispiel die Füllmasse für „Sobrassadas". Und hier die Mischung für Butifarons. Für einen Wurstfabrikanten – wie Horst Abel – eine Fundgrube an Rezepten und Anregungen. Frische Gewürze für eine Art Blutwurst. Und dann geht's ans Füllen – jetzt per Handbetrieb! Bei aller Emsigkeit – keine Hektik! Man genießt diesen Matanza-Tag! Und eine Anmutung des berühmten „Mañanafeelings" kommt auf – ein Feeling von bewundernswerter Gelassenheit, das den Mallorquiner lediglich am Steuer seines Wagens verlässt. Die Camallots sind prall und fertig gefüllt … ebenso die Longanissas…, und alle Produkte sind natürlich für den Eigenverbrauch bestimmt. Die Butifarons sind gar und schreien nach Abkühlung an der frischen Luft! Es ist sicherlich ein Geheimnis um die mittelmeerische Luft, die die Kunstwerke in wenigen Monaten in landestypische Delikatessen verwandeln wird! Geschafft – gemeinsames Abendbrot mit einer speziellen „Sopa de Matanza „einer rustikalen Suppe – komponiert aus allem, was da so übrig blieb – inklusive Knochensplitter, die zu einem typischen – anheimelnden Dauer-Spucken führen! Aber das allgemeine anerkennende Schmatzen – die Ahhs – Ohs und Mmmhs... belohnen das total verarbeitete Schwein sozusagen im Nachhinein. Und ein Hoch auf die Köchin natürlich! Und Anerkennung für die deutschen Gäste, die hier gerade das feste Gelübde ablegen, dass unsere „Matanzahelden" eine Kopie dieses Films bekommen werden. Wenn Freund Alkohol den nötigen Frohsinns-Pegel in den Gemütern etabliert hat – dann wird auch mal kräftig gesungen... Was – das entzieht sich weitestgehend dem Fremden, der draußen vor der Tür – bei sinkender Sonne und deutlichen Verdauungsproblemen noch einmal die Details dieses denkwürdigen Tages Revue passieren lässt. – Hochwürden Don Felip war übrigens plötzlich vor dem Essen verschwunden... Wahrscheinlich rief das geistliche Geschäft – was aber sicher nicht bedeutet, dass er nicht schon das nächste Schwein ins Auge gefasst hat. Für eine „Matanza mallorquina"! Wir wissen jetzt echt Bescheid!

Keine Liebesheirat

Als Neumallorquiner lag mir das Verhältnis meiner Landsleute zu den Einheimischen immer am Herzen. Deshalb gründete und finanzierte ich im Jahr 2000 den gemeinnützigen deutsch-mallorquinischen Freundschaftsverein „Associació Alemanya i Mallorquina" (AAM – Verein der Deutschen und Mallorquiner. Das von mir erarbeitete Programm für den gemeinnützigen Verein umfasste folgende Punkte:
1. Ältere Deutsche auf der Insel brauchen Hilfe.
2. Es soll ein deutscher Schulverein ins Leben gerufen werden.
3. Der Verein strebt einen deutsch-mallorquinischen Kulturaustausch an.
4. Der Verein wird sich um eine Medienpflege kümmern.

5. Der Verein strebt eine Zusammenarbeit mit den mallorquinischen Behörden an, gegebenenfalls mit einem Beauftragten der Regierung für Integration.
6. Auch eine Zusammenarbeit mit der deutschen Auslandvertretung in Madrid und Palma wird angestrebt.

Von all diesen Zielen ist nach meinem Ausscheiden nichts mehr übrig geblieben, und der AAM ist zu einem Ortsverein von Santa Margalida degeneriert.

Bei der Gründung des Vereins ging es mir im Wesentlichen um zwei Dinge. Zunächst lag mir daran, die Freundschaft zwischen Mallorquinern und Deutschen auf der Insel zu fördern. Immer wieder musste ich feststellen, dass zwischen der normalen Bevölkerung und toleranten Touristen zwar durchaus eine gegenseitige Sympathie vorhanden ist, jedoch kaum echte Kontakte zustande kommen. Das mag auch an der unterschiedlichen Mentalität liegen, die durch ein bekanntes Bonmot recht treffend charakterisiert wird: Die Deutschen leben, um zu arbeiten, und die Mallorquiner arbeiten, um zu leben. Wenn man das begriffen hat, lässt sich vieles besser verstehen.

Die Zugewanderten schätzen nicht nur die Sonnen-Insel mit fast immer blauem Himmel, Palmen und Meer, sondern auch die mallorquinische Lebensart, und hat man sich erst einmal mit der mallorquinischen Philosophie des „Mañana" abgefunden, lässt es sich auf Mallorca gut und geruhsam leben.

Bei öffentlichen Erklärungen wird über das Verhältnis von Bevölkerung und Zugewanderten von beiden Seiten sehr viel gelogen und geheuchelt, aber selten das gesagt, was man wirklich denkt.

Ich bin jedoch der Meinung, dass nur ein offenes Gespräch, bei dem jeder sagt, wo ihn der Schuh drückt, zum gegenseitigen Verstehen und einer wirklichen Freundschaft beiträgt. Generell kann man sagen, die Mallorquiner stört meistens die deutsche Überheblichkeit und Besserwisserei nach dem Motto: „Am deutschen Wesen soll die Welt genesen". Eine Integration wird auch verhindert, weil die meisten Deutschen nicht bereit sind, sich den Mallorquinern bis zu einem gewissen Grad anzupassen, und sie gerne wegen fehlender Sprachkenntnisse und aus Bequemlichkeit deutsche Ghettos bilden.

Von Deutschen und Mallorquinern

Ich wollte mit dem AAM so viele gemeinsame Feste wie möglich feiern. Trotz großer Anstrengungen und finanzieller Unterstützung des Vereins aus meiner Tasche ist mir mein Vorhaben nicht gelungen, und die Zahl der Interessierten blieb auf beiden Seiten weit hinter meinen Erwartungen zurück. Frustriert, mit der Erkenntnis, Mallorquiner und Deutsche bleiben am liebsten unter sich, habe ich schließlich meinen Vorsitz abgegeben. Zum andern ging es mir bei dem AAM darum, Hilfe für die auf Mallorca in Not geratenen Deutschen zu organisieren. Für finanzielle Hilfe war unser Budget jedoch zu klein, denn außer den Mitgliedsbeiträgen und meiner Unterstützung, gab es so gut wie keine Einnahmequellen.

Das Thema soziale Hilfe für Deutsche auf Mallorca interessierte auch Joachim Bitterlich, als er noch deutscher Botschafter in Madrid war. Mit ihm und auch mit den deutschen Konsulen Christian Hauke und Karin Köller gab es mehrere Treffen in dieser Angelegenheit. Das Problem war jedoch, dass der deutsche Staat für seine auf Mallorca lebenden Bürger kein Geld übrig hatte. Und mit ein paar frommen Sprüchen war ihnen nicht zu helfen. Immerhin machte meine Ehefrau Larissa, die Ärztin und examinierte Krankenpflegerin ist, Krankenbesuche bei minderbemittelten Deutschen. Die Zustände bei diesen zum Teil schwer kranken Menschen waren erschütternd.

Deutschunterricht auf Mallorca

Ein anderes Anliegen von mir war, Deutschunterricht an mallorquinischen Schulen einzurichten, der nicht nur für die rund tausend auf Mallorca lebenden Kinder mit deutschem Pass, sondern auch für alle anderen Schüler offen sein sollte. Bei meinen Nachforschungen hatte ich herausgefunden, dass zum Beispiel in Baden-Württemberg etwa die gleiche Zahl Schüler mit italienischer Abstammung leben wie deutsche Kinder auf Mallorca. Die bekommen von Rom jährlich zwei Millionen Euro über das Generalkonsulat in Stuttgart für die Finanzierung eines Stützunterrichtes in Italienisch, der an deutschen Schulen gehalten wird. Das sollten meines Erachtens dem reichen deutschen Staat, der mit Milliarden-Beträgen andere Nationen in der Welt unterstützt, seine Kinder auch wert sein. Für die deutsche Botschaft in Madrid war das jedoch kein Thema, genauso wenig wie für das Generalkonsulat in Barcelona und das Konsulat in Palma. „Dafür hat der deutsche Staat keine Mittel", hieß es bei meinen Anfragen lakonisch.

Bei dem Mallorca-Besuch von Bundespräsident Johannes Rau im November 2002 nahm ich die Gelegenheit wahr, ihn mit dem Thema zu konfrontieren. Leider ohne Ergebnis. Bei einem folgenden Schriftverkehr teilte mir die Dienststelle des Bundespräsidenten mit, sie sei für mein Anliegen nicht zuständig.

Letztlich kann ich noch froh sein, dass ich nicht gefragt wurde, wie viel Interessenten es für den Deutschunterricht gibt, denn wahrheitsgemäß hätte ich bekennen müssen, dass es von Seiten der Deutschen auf Mallorca nicht eine einzige Anfrage zu diesem Thema gab. Für mich vollkommen unverständlich, denn die beiden deutschsprachigen Mallorca-Zeitungen hatten ausführlich über mein Projekt „Deutschunterricht in mallorquinischen Schulen" berichtet. Mich persönlich stört es sehr, dass meine Enkel – alle mit deutschen Pässen – kaum eine

Möglichkeit haben, die deutsche Sprache in Wort und Schrift richtig zu lernen.

Mit meinem Projekt „Mallorca-Zeitung" wollte ich ein unabhängiges Sprachrohr für die Deutschen auf Mallorca schaffen. Als dann der Palma-Kurier erschien, legte ich mein Vorhaben auf Eis. Eines Tages meldete sich der Zeitungsverlag des „Diario de Mallorca" bei mir. Die ersten Exemplare seines deutschen Blattes sollten schon als „Mallorca-Zeitung" in Druck gehen, als man im letzten Moment feststellte, dass der Name „Mallorca-Zeitung" bereits für mein Projekt geschützt war. Da ich keinen Markt für drei deutsche Zeitungen auf Mallorca sah, verkaufte ich dem Verlag den Namen.

Hochzeit ohne Happy End

Auf Mallorca gab es noch keine deutsche Städtepartnerschaft. Wie ist so etwas möglich, fragte ich mich. Ein Defizit für eine Region, die wesentlich vom deutschen Tourismus lebt. Da habe ich kurzerhand für die Stadt Palma im Jahr 2003 als eine Art „Heiratsvermittler" die Stadt Düsseldorf als Partner ausgesucht und dann die beiden Bürgermeister persönlich angeschrieben und als Kandidaten zusammengebracht. Die „Hochzeit" wurde im April 2003 im Rathaus von Palma vollzogen.

Für mallorquinische Medien war das Ereignis vollkommen uninteressant und wurde kaum zur Kenntnis genommen. Leider wurde die Partnerschaft auch nicht auf breiter Basis mit Leben erfüllt, so wie ich mir das vorgestellt hatte. Außer dass jetzt der Düsseldorfer Oberbürgermeister öfter nach Mallorca zum Golfen kommt und im Gegenzug die Oberen der Stadtverwaltung von Palma zum Stadtfest mit Dampferfahrt und Feuerwerk auf dem Rhein eingeladen werden, hat sich wenig getan. Auf einen Kulturaustausch unter Beteiligung der Bevölkerung hat man bis heute keinen Wert gelegt. Während die

meisten Städte der EU mehrfache Partnerschaften unterhalten und pflegen, können die Politiker der Stadt Palma noch nicht einmal eine einzige mit Leben erfüllen.
Die Bilanz ist ernüchternd: Weder die Gründung meines deutsch-mallorquinischen Freundschaftsvereines noch die Städtepartnerschaft konnten bis jetzt die Verbindung zwischen Deutschen und Mallorquinern spürbar verbessern. Um sicher zu gehen, dass der Misserfolg nichts mit meiner Person zu tun hat, habe ich den Vorstand an meinen Vereinskollegen und Mitbegründer Josep Moll Marques übergeben. Aber auch als perfekt Deutsch sprechender, beliebter sozialistischer Politiker, der beinahe Bürgermeister von Palma geworden wäre, ist es ihm nicht gelungen, die Verbindung mit mehr Leben zu füllen. Inzwischen stellt auch er frustriert fest, dass sich Mallorquiner und Deutsche, selbst bei gemeinsamen Festen, immer wieder voneinander isolieren.
Sicherlich hat auch die Sprachbarriere darauf Einfluss, zumal die Mallorquiner, wenn es um Vertrauliches geht, am liebsten ihr Mallorquin sprechen. Damit haben dann die meisten Deutschen ihre Probleme, denn wer von ihnen beherrscht schon eine Sprache, die nur auf Mallorca gesprochen wird? Wenn man allerdings geschäftlich oder auch privat auf engen Kontakt mit Mallorquinern angewiesen ist, dann kommt man nicht umhin, ihre Sprache zu lernen.

Mallorquin als Schlüssel

Nur mit Spanisch allein hat man jedenfalls keine Chance, von der Inselgesellschaft aufgenommen zu werden. Das belegt auch ein persönliches Erlebnis: Als ich mich vor einiger Zeit gemeinsam mit meiner ältesten Tochter Alexandra mit einem wichtigen Beamten einer mallorquinischen Behörde traf, brachte der es auf den Punkt. Er erklärte mir offen und ohne Hemmung: „Du mit deinem deutschen Gesicht ohne ausreichende mallorquinische Sprachkenntnisse solltest dich am besten erst gar nicht bei einer Behörde blicken lassen!" An meine Tochter – die Mallorquin spricht – gewandt, fuhr er fort: „Aber du bist doch sicher eine von uns."

Nach vier Jahrzehnten als Unternehmer auf Mallorca muss ich mich dieser Realität stellen. Sie gibt mir aber auch Hoffnung, dass wenigstens meine Kinder, für die Mallorca ihre Heimat ist, von der Insel-Gesellschaft teilweise anerkannt werden. Das freilich auch nur in engen Grenzen, denn sie sind schließlich deutscher Abstammung.

Ich habe einen guten Bekannten, einen sehr erfolgreichen mallorquinischen Unternehmer, der mir erzählte, dass seine mallorquinischen Eltern ihm die Hochzeit mit seiner auf Mallorca geborenen Verlobten trotz eines gemeinsamen Kindes unter keinen Umständen gestatten, da ihre Eltern „Forasters", also Festlandspanier, seien.

Wenn sich Mallorquiner gegenüber den deutschen „Neumallorquinern" abkapseln, dann hat das nicht selten auch damit zu tun, dass sie jetzt durch den unkontrollierten Zuzug im Rahmen des „Schengener Abkommens" immer häufiger unliebsame Bekanntschaft mit einer besonderen Art von Neuankömmlingen aus Alemania machen. Oft wurde schon – auch in der mallorquinischen Presse – die Meinung vertreten, die deutsche Justiz sehe es nicht ungern, wenn sich Kleinkriminelle nach Mallorca absetzten. Da würden die gut besuchten deutschen Gefängnisse nicht überlastet. Dieser Personenkreis, der vorwiegend aus Steuer-, Alimenten- und Konkursflüchtlingen besteht, existiert tatsächlich und belastet das Verhältnis zu den Einheimischen sehr.

Der mallorquinische Schmugglerkönig

Bei den folgenden Ausführungen beziehe ich mich auf das Buch „Der letzte Pirat des Mittelmeeres", Erzählungen der ein-

heimischen Bevölkerung und Berichte im Internet.
Mallorca war und ist von jeher – durch seine Lage begünstigt – eine Schmuggler-Insel. Davon lebten und leben viele mallorquinische Familien. Heutzutage allerdings ist an die Stelle des Zigarettenschmuggels der Drogenhandel mit Milliardenumsätzen getreten. Nach dem Buch „Der letzte Pirat des Mittelmeeres" war Mallorcas bekanntester und erfolgsreichster Schmugglerkönig der Bauernsohn Juan March Medina, geboren 1880 in dem kleinen Ort Santa Margalida auf Mallorca, der es in seiner Zeit zum reichsten Mann der Welt gebracht hatte. Als er 1962, 83-jährig, bei einem Verkehrsunfall in Madrid tödlich verunglücke, hinterließ er seinen Erben ein Milliardenvermögen. Heutzutage operiert die Banca-March-Gruppe weltweit und gehört zu den größten Geldinstituten Spaniens. Nach Meinung des Patriachen funktioniert die ganze Welt auf der Basis „diners i dinar" – das heißt, Geld und Essen sind die elementarsten Dinge des Lebens. Mit genügend Geld ist fast alles käuflich, und wenn eine Familie Hunger leidet, werden sogar Staatsbeamte, Polizisten und Zöllner bestechlich. Das wusste der Mallorquiner zu nutzen.

Die Einheimischen halten noch heute große Stücke auf ihren berühmten Inselsohn. Mallorquinische Freunde aus Santa Margalida erzählten mir, wie es damals war und wie das „System March" funktionierte. Auf ihn war immer Verlass, denn alle, die auf seiner Lohnliste standen, gleich ob legal oder illegal, genossen auch seinen persönlichen Schutz. Wenn jemand beim Schmuggeln erwischt wurde und in den Knast kam oder finanzielle Probleme hatte, konnte sich die Familie immer auf die Unterstützung des Bosses verlassen. Noch heute gilt Juan March auf Mallorca als eine Art „Robin Hood" oder „Schinderhannes". Denn in den Augen der Mallorquiner hatte er ja nur dem Staat geschadet, aber vielen der Ihren – egal ob Bauern, Beamten, Polizisten oder Zöllnern – zu ihrem täglich Brot und oft auch noch zu einem bisschen mehr verholfen.

Juan March gehörte schon bald eine große Handelsflotte auf dem Mittelmeer.

Den deutschen Militärs soll er im Spanischen Bürgerkrieg geheime Informationen zugespielt haben, nach denen seine Schiffe für den Feind operierten, woraufhin die Flotte von den Deutschen prompt versenkt wurde und viele Matrosen den Tod fanden. Juan March kassierte hohe Versicherungssummen für die zum Teil völlig überalterten Kähne.

In den ersten Dekaden des 20. Jahrhunderts kontrollierte er mit dem Zigaretten- und Waffenschmuggel die Balearengewässer, die gesamte iberische Halbinsel, Ceuta und Melilla sowie das damalige Gebiet „Spanisch Sahara". Angeblich sollen Dokumente belegen, dass March 1940 im Auftrag von Winston Churchill 13 Millionen US-Dollar Schmiergelder erhalten hat, die an spanische Generäle verteilt wurden. Als Gegenleistung erwartete Großbritannien, dass sich Spanien im Zweiten Weltkrieg neutral verhält und nicht als Aliierter Hitlers in das Kriegsgeschehen eingreift. Sein Kapital ermöglichte es March sogar, Francos Bürgerkrieg zu finanzieren. Franco wiederum hat ihm die Unterstützung nach dem Krieg mit verschiedenen Leistungen und Beteiligungen reichlich zurückgezahlt.

Trotz der Millionenverluste des spanischen Staates, die bei seinen Schiebereien entstanden, wurde March dank seiner Beziehungen fast nie belangt. Nur als er im Krieg gegen Spanisch-Sahara die Aufständischen mit Waffen versorgte – ein gutes Geschäft für den Mallorquiner – setzte man ihn hinter Schloss und Riegel. Mit Hilfe des Gefängnisdirektors konnte er jedoch ins Ausland fliehen. Der Mann wurde dann später sein Generalbevollmächtigter.

Der letzte Pirat

Die Vita des Patriarchen mit all ihren interessanten Details aufzuspüren, ist heute ein fast unmögliches Unterfangen. Die

Nachkommen des Schieberkönigs ließen nach seinem Tod alle Publikationen und Bücher aufkaufen und vernichten. Was von den gesamten Erzählungen der alten Mallorquiner wahr ist und was Mythos, lässt sich deshalb heute kaum mehr auseinanderhalten. Tatsache ist, dass seine Witwe nach seinem Tod den spanischen Kirchen großzügig spendete. Man sagt, dass mit den Zuwendungen sogar Kirchendächer vergoldet wurden. Juan March gilt auch als ein generöser Mäzen der Künste und Wissenschaften. Auf der Insel ist man ihm auch dafür dankbar.

Ein mallorquinischer Freund hat mir, als besonderen Beweis seiner Freundschaft, eines der letzten erhaltenen Bücher über Juan March geschenkt, das bei Einheimischen als Rarität unter Verschluss gehalten wird. Das Buch heißt: „El ultimo Pirata del Mediterraneo", also „Der letzte Pirat des Mittelmeers", geschrieben von Manuel D. Benavides, und wurde 1976 vom Verlag Editiones Roca S. A. in Mexico neu verlegt. Dieses seltene Exemplar habe ich aus nahe liegenden Gründen bei einem Notar in Deutschland hinterlegt. Die Nachkommen der Schmuggler-Dynastie gehören zu einem der reichsten und einflussreichsten Clans in Spanien. Manche Passage des Buches dürfte ihnen heute peinlich sein, wollen sie doch der besseren Gesellschaft Iberiens angehören. Der Inhalt dieses Buches ist spannender als jeder James-Bond-Film und würde genügend Stoff für einen mehrteiligen Fernseh-Thriller geben.

Deutscher 007 auf Mallorca

Eine Zusammenarbeit mit der spanischen und der deutschen Polizei gab es in der Stimmungsdisco „Carrusel" in der Zeit, als Deutschland von der Rote Armee Fraktion (RAF) oder der Baader-Meinhof-Bande terrorisiert wurde. Diese Kriminellen operierten auch von Mallorca aus, und ihre Sympathisanten entführen seinerzeit eine Lufthansamaschine mit Endstation Mogadischu. Der dramatische Ausgang ist bekannt.

Hinter der Rezeption der Disco befand sich, für den Gast unsichtbar, das deutsche Fahndungs-Plakat mit den Fotos aller gesuchten Terroristen. Es gab in der Disco mehrere erfolgreiche Festnahmen, bei denen die Verhafteten mit Hilfe der spanischen Polizei heimlich von der Insel gebracht wurden, um das „Carrusel" nicht zu enttarnen.

Einige Jahre später hatte ich einen freundschaftlichen Kontakt mit einem deutschen „007", der auf Mallorca im Interesse der deutschen Justiz operierte. Der Deckname des Düsseldorfer Undercover-Agenten war „Charly", und er hatte die Möglichkeit, zu jeder Tages- und Nachtzeit den damaligen Innenminister Friedrich Zimmermann telefonisch zu erreichen. Er erzählte mir von Millionen-Beträgen, die er persönlich im damaligen Afghanistan-Krieg im Auftrag der deutschen Finanzkasse an politische Gruppen im Land übergeben musste, und von Terroristen, die er unter Einsatz seines Lebens dingfest gemacht hatte. Wenn er nach Mallorca kam, war er mit allen erdenklichen Waffen ausgestattet und fast immer in Begleitung eines Beamten der Guardia Civil, die von seinen Aktivitäten im Auftrag des deutschen Innenministers wussten. Dabei ging es meistens entweder um große Drogengeschäfte oder um Betrüger und Steuersünder, die sich mit hohen Millionenbeträgen in Deutschland aus dem Staub gemacht hatten und glaubten, auf Mallorca unbehelligt zu bleiben.

Charly, dessen Wirkungskreis die ganze Welt war, lebt nicht mehr. Für mich war seine Bekanntschaft nützlich, denn ich konnte mir bei ihm detaillierte Auskunft über jede Person, vor allem aber über fragwürdige Geschäftskontakte, einholen.

Koks im Carrusel

Nachdem ich das „Carrusel" übernommen hatte, stellte ich fest, dass es auch dort einen regen Handel mit Koks (Kokain) gab, von dem ich zunächst nichts mitbekommen hatte. Charly,

Der kleine Wurstkönig mit seiner Mutter.

Horst Abel bei der Gesellenprüfung in Hünfeld.

Horst Abel als Geselle in einer Metzgerei in Wiesbaden.

Wir bieten Ihnen

als führendes Spezialgeschäft die größte Auswahl bei Waschvollautomaten in Fulda-Stadt und -Land. Ca. 4000 zufriedene Kunden sind der beste Beweis für unsere Leistungsfähigkeit. Immer mehr Kunden entscheiden sich für uns! Denn sie wissen die Vorteile eines Spezialgeschäftes mit den neuesten Modellen bei sensationell niedrigen Preisen zu schätzen. Besuchen Sie uns unverbindlich, wir werden Sie gerne beraten.

- Lieferung frei Haus
- 1 Jahr Garantie
- Zuverlässiger Kundendienst im Umkreis von 100 km
- Eigenes Ersatzteillager

Bei uns können Sie sich unter ca. 40 verschiedenen Waschvollautomaten den besten aussuchen. Teilzahlung bis 24 Monatsraten ist möglich.

WASCHAUTOMATEN-MARKT

Abel

Groß- und Einzelhandel
FULDA · GEMÜSEMARKT 1 · TEL. 2462

Werbung der Firma Waschautomaten-Markt Abel 1966.

Blick auf Palma.

Der junge Horst Abel vor seiner neuen Wurstfabrik auf Mallorca.

Horst Abel mit seinem Team bei der Übernahme der Bock, S.A. in Palma, 197

Teilhabertreffen 1976.

Strandkiosk „Alt Frankfurt" am Strand von Paguera: Deutsche Wurst und deutsches Bier kamen bei Touristen gut an (Eröffnung 1971).

36 Jahre später ist Horst Abel auch auf dem Weg zum Potato King.

Host Abel nach der Landung auf Mallorca mit Sohn Dirk (1971).

*Horst Abel übernahm 1988 die Diskothek „Carrusel"
in Las Maravillas (El Arenal).*

*Promotion-Jeeps
unterwegs . . .*

Das erste Fast Food Restaurant auf Mallorca: „Andys", 1988.

Werbung für Mallorca:
Horst Abel (Mitte) und Repräsentanten für den Tourismus.

Startplatz für eine Millionärskarriere:
Horst Abels Wurstladen in der Strandstraße in El Arenal, 1970.

Horst Abel bei einem Empfang zu seinem 50. Geburtstag.

Mitarbeiter und Geschäftsleitung der Abel Gruppe 2004.

Mallorca

Morddrohungen gegen deutschen Wurstkönig

Die Stimme am Telefon klang ernst. Der Anrufer drohte dem deutschen Wurstkönig von Mallorca, Horst Abel (58), in gebrochenem Deutsch: „Wenn du weitermachst, bringen wir dich um."

Horst Abel lebt seit 30 Jahren auf der Insel. Seine drei erwachsenen Kinder sind mit Spaniern verheiratet. Vorgestern ist er nach Deutschland geflohen, sagt: „Ich habe Angst um mein Leben."

Was ist los auf Mallorca? Plötzlich tauchen auf der Insel antideutsche Plakate auf (BILD berichtete). Einige mit einem großen Foto von Horst Abel. Grund: Er will auf der Lieblingsinsel der Deutschen eine Partei gründen und 1999 bei den Kommunalwahlen kandieren.

„Ich bin für mehr Integration der Deutschen. Ministerpräsident Matas hat sogar schon eine meiner Forderungen aufgegriffen: Sprachkurse für Mallorca-Deutsche."

Abel will jetzt zunächst einmal in Deutschland bleiben. „Ich warte auf ein Zeichen der Politiker. Sie müssen den nationalistischen Splittergruppen klarmachen, daß die Gründung einer deutschen Partei auf Mallorca nichts Böses ist – und erst recht kein Grund für Morddrohungen."

Auf Mallorca am Pranger: Wurstkönig Horst Abel. Unter seinem Foto steht: „Katalanisch ist uns (unsere) Sprache und Deutsch nicht."

Die Boulevard-Presse berichtet über Plakatierungen auf Mallorca mit Drohungen gegen den deutschen Horst Abel im Jahr 2000.

Kaufobjekt in Tampa, Florida: die Ponderosa Wurstfabrik.

Ein toller Fang: kapitaler Lachs in Alaska.

n November 2002: Treffen mit Bundespräsident Johannes Rau auf Mallorca.

Bei der Gründung der AAM (L'Associació Alemanya i Mallorquina). Horst Abel (links) und Josep Moll Marques.

jener deutsche 007, machte mich darauf aufmerksam, und mit seiner Hilfe konnte ich die Hintermänner enttarnen und dann den Laden säubern. Geschäftlich gesehen war das ein Verlust, denn die Dealer waren gleichzeitig die besten und zahlungskräftigsten Kunden. Tage später nistete sich dann diese Truppe in einer anderen Disco ein. Unser DJ erzählte mir später, dass auch er im Bett das Zeug brauche. Bevor er nach Mallorca kam, war er in Holland als Akteur auf der Bühne tätig gewesen. Dort hatte er zweimal pro Abend das Liebesspiel vorführen müssen, und das hätte er ohne Koksbehandlung nie geschafft. Zu vorgerückter Stunde prahlte er stolz mit Fotos, auf denen er sein gutes Stück erigierte Männlichkeit bestaunen ließ. Einige Zeit später, als er schon nicht mehr bei uns tätig war, bekamen wir von ihm einen Anruf aus der Klapsmühle in Palma. „Hallo, hier ist Karli. Meine Frau hat mich hier einliefern lassen, könnt ihr mich wieder rausholen?"
Kein Einzelfall, die verrücktesten Menschen, die ich kennengelernt habe, waren immer Discjockeys. Als unsere Gäste – schon abflugbereit nach Düsseldorf – noch einmal schnell im „Carrusel" vorbeikamen, um sich zu verabschieden, gab es auch noch ein paar Runden. Dabei meinte der verrückte DJ: „Leute, ihr braucht euch gar nicht so zu beeilen, ich mache euch einen Vorschlag, ich fliege euch morgen früh um 10 Uhr persönlich mit meiner Privatmaschine nach Hause." Die Kegelbrüder glaubten dem Verrückten, der natürlich kein Flugzeug besaß.
Am anderen Morgen war das Geschrei in der Bierstraße vor dem „Carrusel" groß, bis sie endlich begriffen hatten, dass sie einem Aufschneider aufgesessen waren.
Einen anderen Plattenaufleger, einen jungen, gutaussehenden Österreicher in rot kariertem Hemd und mit Lederhose, beobachte ich dabei, wie er fast stündlich mit immer neuen weiblichen Discogästen mal schnell in der Pause in seinem Zimmer im gleichen Haus verschwand. Ich konnte mir nicht vorstellen, dass so ein Alpenbewohner eine derartige Potenz besaß.

Später prahlte er: „Mit den Weibern läuft gar nichts, die habe ich alle nur opuscht."
„Opuscht" heißt, wie ich dann herausbekam, in der Ösi-Alpen-Sprache so viel wie „angemacht".

40 Bierchen pro Nacht kein Problem

Rauschgift war nicht mein Ding, aber so 30 bis 40 Bierchen im Kreis meiner Gäste konnte und musste ich in der Zeit zwischen 21 Uhr abends und 5 Uhr morgens allerdings wegstecken. Das war der Preis, wenn man als Chef für alle Gäste präsent sein wollte. Gute Gäste, Bekannte und Freunde, wurden zunächst zur Begrüßung von mir zu einem Bier eingeladen. Bei der Retourrunde musste ich dann ehrenhalber wieder mittrinken, bevor ich mich unbemerkt absetzen konnte, um den nächsten Gast zu begrüßen.

Wenn ich dann in den Morgenstunden nach Hause fuhr, hielten mir meine Polizei-Angestellten die Autotüre auf und wünschten mir einen guten Nachhauseweg. Auf jeden Fall hatte ich in den acht Stunden meine Bierchen gut verdaut und war wieder fahrtüchtig. Alkoholkontrollen waren in dieser Zeit ohnehin nicht an der Tagesordnung.

Karriere im weißen Kittel

Damals, auf dem Höhepunkt meiner Mallorca-Karriere, musste ich – ebenso wie heute – oft an einen Gefährten der harten Jugendtage denken, der in der Heimat mein Vorbild war.
„Mensch, Horst, jetzt werde ich in diesem Jahr auch schon 80", so begrüßte mich kürzlich Richard Schimetschka, den die Fuldaer kurz „Schimmi" nennen, in seinem Restaurant und Ausflugslokal „Grabenhöfchen" in der Rhön. Zunächst dachte ich, er macht einen Witz. Kaum zu glauben, da sitzt der lebhafte, quirlige Mann mit wachen Augen und ohne Falten im Gesicht,

dem trotz unserer angeregten Unterhaltung nichts in seinem Betrieb entgeht und der beiläufig behauptet, er würde 80 Jahre alt. Für einen Moment hatte ich vergessen, dass ich ja auch schon 66 bin und, wenn mich niemand daran erinnert, mein Alter nicht fühle.

Ich war noch ein Kind, sieben Jahre alt, als wir uns kennenlernten.

„Richard, du weißt ja, dass du immer mein großen Vorbild warst", so begann unser Gespräch an einem verschneiten Winterabend in seinem Rhön-Lokal am Weiherberg. „Horst, es war im Jahre 1946, kurz nach dem Krieg, als ich auf meinem Rucksack vor dem ausgebombten Fuldaer Bahnhof saß und mich dein Vater ansprach, ob ich bei ihm arbeiten wolle. Es suchte einen Knecht für seine kleine Landwirtschaft in Hünfeld mit einigen Schweinen und ein paar Hühnern, Kaninchen und drei Kühen. Er brauchte auch einen Gehilfen für seinen Landprodukte-Handel. Er bot mir neben einem geringen Lohn Kost und Logis bei euch an. Als Flüchtling aus dem Sudetenland überlegte man damals nicht lange. Ich hatte aus meiner Heimat, einem kleinen Ort in der Nähe von Olmütz an der tschechoslowakischen Grenze, fliehen müssen. Mit meinen knapp 19 Jahren war ich alleine in Deutschland, ohne Verwandte oder sonstige Hilfe, und da war ich froh, ein Dach über dem Kopf zu haben, auch wenn die Arbeit die mich bei euch erwartete, nicht mein Beruf und in dieser Zeit auch kein Zuckerschlecken war. Dein Vater war oft sehr nervös, aber sonst kam ich mit dem Emil und mit deiner Mutter sehr gut aus."

Mit Richard teilte ich mein damaliges Schafzimmer. Unsere Betten hatten keine Matratzen, sondern es waren Strohsäcke, die, wenn sie durchgelegen waren, wieder mit frischem Haferstroh aufgefüllt wurden. Wenn im Winter Eisblumen die Fensterscheiben bedeckten, wurden sie mit Ziegelsteinen aus dem Backofen des Küchenherds angewärmt.

Meine Aufgabe war es – gleich bei welchem Wetter – die Kühe

zu hüten, damit sie etwas zu fressen bekamen, denn die Milch war in dieser Zeit nicht nur für unsere Ernährung dringend notwendig. Oft warteten abends Leute aus der Nachbarschaft mit ihren kleinen Milchkannen darauf, die lauwarme Milch kaufen zu können. Außerdem musste ich schon von klein an bei allen möglichen Feldarbeiten mithelfen. Mit Freunden Fußball spielen fiel bei mir ganz aus.

„Dein Vater war den ganzen Tag mit seinem Holzvergaser-Auto unterwegs, auf Kundenbesuchen, und ich versorgte die Landwirtschaft und half ihm auch gelegentlich im Geschäft mit. Besonders wenn es darum ging, ausstehende Rechnungen bei den Bauern im Kreis Hünfeld zu kassieren, dann blieb mir nichts anderes übrig, als mit eurem schweren Geschäfts-Fahrrad die Kunden abzuklappern, und oft kam ich erst spät in der Nacht von meiner Tour zurück. Als sich dann nach einiger Zeit vom „Adlerwirt" in Hünfeld ein Stellenangebot bekam, war ich froh, wieder in meinem Beruf als Metzger arbeiten zu können."

Richard arbeitete tagsüber in der Metzgerei und abends als Kellner in der damals bekanntesten Fernfahrer-Raststätte „Zum goldenen Adler" in Hünfeld. Er wurde dann zunächst Geschäftsführer in der neuen Raststätte Fulda-Nord, die er nach einiger Zeit in eigener Regie übernahm. Wenige Jahre später wurde der einst mittellose Flüchtling, aus eigener Kraft zu einem der größten Gastro-Unternehmer in Osthessen.

Das Haus Oranien, ein Hotel mit Tagungsräumen in Fulda, die historische Orangerie mit dem Dianakeller im Fuldaer Schlossgarten, die Restauration im Schloss Adolphseck bei Fulda, die Nachtbar „Laterne", den Saalbau Auth in Hilders und das „Grabenhöfchen" in der Rhön gehörten zu seinem gastronomischen Unternehmensverbund. Zuletzt kaufte er noch das historische Hotel „Zum Kurfürsten", einst das erste und nobelste Haus der Barockstadt. „Horst, alle berühmten Leute, Schauspieler, Sänger und Politiker, die in Fulda logier-

ten, waren meine Gäste und Freunde", erinnerte sich Richard versonnen an seine aktiven Zeiten.
Auch mein beruflicher Werdegang begann mit 15 Jahren als Koch-Lehrling bei dem Mann, dem ich nacheifern wollte. Richard war für mich immer wieder der Beweis, dass man im Leben fast alles erreichen kann, wenn der Wille dazu und die Lust zum Arbeiten vorhanden sind. Wenn ich später hin und wieder nach Fulda kam und einen Mann in weißem Kittel durch die Stadt flitzen sah, da wusste ich schon von weitem, das kann nur Richard Schimetschka sein. Auch wenn sein gastronomisches Reich heute geschrumpft ist, blieb er für mich ein wichtiges Vorbild in meinem beruflichen Leben.

Die Mafia lässt grüßen

Das „Carrusel" wurde von mir im Laufe der Jahre mehrmals sehr aufwändig renoviert und umgebaut. 1996 habe ich im „Carrusel-Komplex" mit amtlicher Genehmigung Mallorcas erste Hausbrauerei eröffnet. Kurz nach Inbetriebnahme wurde sie von der Baubehörde der Stadt Palma jedoch wieder geschlossen und im März 2004 mit einer dubiosen Abriss-Verfügung – wegen angeblicher Illegalität – im Auftrag des Bürgermeisters von Palma brachial demontiert. Es waren wohl die Neider, meine mallorquinischen Kollegen von der Konkurrenz, die mit ihren Beziehungen zu Palmas Bürgermeisteramt den Abriss durchsetzten. Der Schaden für mich betrug eine runde Million Mark.
Ein Ausländer auf Mallorca sollte eben nie versuchen, ein Geschäft zu betreiben, mit dem er den Einheimischen unmittelbare Konkurrenz macht. Dann bekommt er das System der mallorquinischen Mafia zu spüren. Bei meinen drei Jeeps mit Werbe-Parolen für das „Carrusel" wurden mehrfach alle vier Reifen aufgeschlitzt.
Später offenbarte mir in Palma rein zufällig ein Einheimischer,

dass er von einem der großen Disco-Paten dafür bezahlt worden war, einem Aleman die Autoreifen kaputt zu stechen. Dass ich der Geschädigte war, habe ich dem Mann nicht erzählt. Im Hochsommer wurden mehrmals die Rohre der Klimaanlage durchtrennt und ein anderes Mal wurden Stinkbomben in die Lüftungsschächte geworfen. Wenn wir nicht unter ständigen Polizeischutz gestanden hätten, wer weiß, was da noch an bösen Schikanen gelaufen wäre. Vielleicht wäre der Laden auch eines Tages in Flammen aufgegangen.

Den Amigo zum Feind

Den derzeitigen Pächter der Disco wollte man mit Anzeigen bei der Polizei und Gewerbeaufsicht fertigmachen. Dabei ging es zunächst nur um das Verteilen von Reklamezetteln, so wie sie auch von allen anderen Diskos verteilt wurden. Der Unterschied bestand nur darin, dass meine Pächter Österreicher und die anderen Angestellte des Disco-Paten waren. Da kamen in einer Saison rund 1,3 Millionen Mark an Strafen zusammen. Ein Polizist war so eifrig, dass er gleich einen ganzen Block mit 50 Anzeigen auf einmal vollschrieb.

Rein zufällig belauschte ich ein Gespräch des Vorsitzenden des Gaststättenverbandes von El Arenal mit einem Freund. Dieser Mann war mein größter Konkurrent. Dass ich dieses Gespräch mithörte, bekam er in seinem alkoholisierten Zustand nicht mit. „Bevor die Inspekteure mit ihren Kontrollen beginnen, kommen die immer erst bei mir vorbei, und ich sage denen dann, wo sie hingehen sollen", hörte ich ihn sagen. Danach war mir auch klar, warum meine Betriebe an der Platja de Palma ständig mit ungewöhnlich hohen Strafen belegt wurden.

Die Kontrollen der Inspekteure liefen in etwa so ab: „Wo hängt ihr Calendario laboral?" Das ist ein unbedeutender Vordruck, auf dem die freien Tage für das Personal aufgeführt werden. Nachdem ich ihm den Aushang im Personal-Umkleideraum gezeigt hatte – da, wo er eigentlich auch hingehört – stellte der Kontrolleur fest, dass er an einer anderen Stelle zu hängen habe. Es war klar, dass es ihm nur darum ging, eine Strafe von 500 000 Peseten (rund 10 000 Mark) anzuordnen. Gegen diese Behördenwillkür war man damals machtlos, und um das Bezahlen kam man nicht herum.

Ich hatte in dieser Zeit acht Lokale in El Arenal, und bei einem böswilligen Inspekteur konnten da schnell einige Millionen Peseten an Strafen zusammenkommen. Ich leerte schon mit einem Gefühl der Beklemmung mein Postfach in El Arenal, weil ich mit immer neuen Strafmandaten rechnen musste. Dass mein mallorquinischer Nachbar, der sich als mein Amigo ausgab, hinter den Anzeigen steckte, erfuhr ich erst durch diesen Zufall. Es hat ihn wohl sehr gewurmt, dass nicht er, als eingesessener Mallorquiner mit direktem Draht zum damaligen Bürgermeisteramt von Palma, in dem zum Teil Mitglieder seines Familienclans saßen, die „Nummer 1" der einschlägigen Gastroszene an der Playa de Palma war, sondern das einem „Guiri" aus Deutschland, nämlich mir, überlassen musste. Das änderte nichts daran, dass die andauernden Anzeigen mich derartig zermürbten, dass ich letztendlich alle Filialen in El Arenal aufgab. Der „gute Freund" hatte jetzt sein Ziel zum Teil erreicht. Mich ganz von der geschäftlichen Bildfläche verschwinden zu lassen, gelang ihm trotz der vielen Anzeigen und der tätigen Mithilfe der mallorquinischen Behörden nicht.

Anzeigen beim Finanzamt, bei der Polizei oder bei allen möglichen Aufsichtsbehörden sind bei den Einheimischen ein gängiges Mittel, um die ausländische Konkurrenz aus dem Weg zu räumen. Das passierte nicht nur mir, auch Unternehmer anderer Nationalitäten haben diese Erfahrung machen müssen. Eine Konfrontation Auge in Auge, ein Gespräch von Mann zu Mann, liegt den Einheimischen nicht, wenn es darum geht, ihre Geschäftsinteressen zu verteidigen, zumal der Weg über Dritte unter Einschaltung der passenden Behörden viel effektiver und meistens auch viel bequemer und vor allem Dingen so wunderbar anonym ist.

Enteignung auf mallorquinisch

Leider lassen sich viele Behörden und Amtsträger für solche zwielichtigen Aktionen leicht von ihren Landsleuten instrumentalisieren. Von einem Bekannten kaufte ich vor einigen Jahren ein schönes Grundstück mit Pinienwald und herrlichem Ausblick in einem Ort westlich von Palma. Die Grundbucheintragung erfolgte auf eine meiner Firmen. Damit war die Adresse auch dem Bürgermeisteramt bekannt. Normalerweise wird für Rustikalgrundstücke auf Mallorca keine Grundsteuer entrichtet. Aber irgendwann wollte man dann doch etwa 50 Euro jährlich kassieren. Eine Zahlungsaufforderung für diese neu eingeführte Gemeindesteuer habe ich jedoch nie erhalten, also auch nicht gezahlt.

Durch meinen Rechtsanwalt erfuhr ich dann eines Tages, dass mein Grundstück vom Bürgermeister des Ortes an einen Freund des Gemeindeoberhauptes wahrscheinlich unter Ausschluss der Öffentlichkeit versteigert worden war. Ein feines „Schnäppchen": Der Freund bekam mein Grundstück mit 6000 Quadratmetern für den Gegenwert der säumigen Grundsteuer, gerade mal 250 Euro. Ein schlechter Witz bei den Preisen auf der Insel.

Für jeden anderen Ausländer ohne Verbindungen wäre das Grundstück jetzt verloren gewesen. Durch juristische Tricks, die nur in Mallorca möglich sind, kam ich dann doch wieder in den Besitz meines Grundstücks.

Mein einheimischer Rechtsanwalt klärte mich auf, wie die fragwürdige Aktion des Bürgermeisters gelaufen war: Wenn vorsätzlich oder durch einen Fehler bei der Eintragung eine falsche Adresse gewählt wird, kommt die Zahlungsaufforderung für die Grundsteuer natürlich nicht an. Dann erfolgt eine notarielle Zustellung. In meinem Fall wurde das Grundstück auf eine Firma im Industriegebiet eingetragen, und somit konnte man davon ausgehen, dass bei dieser Adresse am Wochenende niemand da ist. Die notarielle Zustellung erfolgte an einem Samstag. Das Gesetz sagt, dass der Notar nach Belieben die Zustellung der nächsten Person übergeben kann, die er trifft, wenn niemand erreichbar ist. In unserem Fall erfolgte die Zustellung an irgendeinen Gast in der nächsten Bar. Dem war das wohl alles nur lästig, und er entsorgte das Dokument vermutlich im Mülleimer.

Dem Zustellungsauftrag als solchem, auch wenn er ganz offensichtlich zu keinem Ergebnis führen konnte, war nach dem Gesetz der Insel Genüge getan. Anschließend erfolgte eine Bekanntmachung im „Boletin Oficial", das kaum jemand regelmäßig liest. Meldet sich der Eigentümer jetzt nicht, hat der Bürgermeister das Recht zur Versteigerung. Ob im vorliegenden Fall die Versteigerung öffentlich bekannt gegeben wurde, war nicht zu klären. Es steht zu vermuten, dass bei dieser Versteigerung nur der Amigo des Gemeindeoberhauptes anwesend war. Und der bekam dann von seinem Freund den Zuschlag für dieses Superschnäppchen. Der Bürgermeister ist auf Mallorca nicht verpflichtet, den Eigentümer über diesen Termin zu informieren. Deshalb hatte ich von der Versteigerung meines Grundstücks keine Kenntnis.

Räumungsklage auf mallorquinisch

Friedrich Jahn, der österreichische Hendl-König vom Wienerwald, war immer eines meiner geschäftlichen Vorbilder. Mitte der 80er Jahre saß ich eines Tages mit ihm in seinem Büro des Penthouse der Zentrale seines Imperiums und bewunderte den herrlichen Blick über München. Sein erstes Restaurant in Spanien hatte sein Franchisenehmer Edgar Schwill in El Arenal an der Strandstraße eröffnet.

Schon nach wenigen Monaten war der Betrieb pleite. Das Wienerwald-Konzept, das in Deutschland, Österreich, Paris, New York und Tokio erfolgreich war, konnte in Spanien nicht umgesetzt werden. Es gab einfach zu viele Probleme mit dem spanischen Recht, für die man bei der deutschen Zentrale keine Lösung hatte. Da sprang ich gerne ein.

Den neuen Pachtvertrag für sein Lokal hatte ich schon in der Tasche, und nun ging es noch um die Wienerwald-Lizenz für ganz Spanien, einschließlich der Balearen und der Kanarischen Inseln. Da ich von seinem Konzept – Wienerwald war zu dieser Zeit das größte Gastro-Unternehmen in Europa – überzeugt war, hätte ich die General-Lizenz für den Bereich Spanien gerne übernommen.

Jahns Amerika-Aktivitäten wurden dann leider sein geschäftliches Waterloo und bedeuteten somit auch das Aus für unsere Spanien-Pläne. Für mich war das eine große Enttäuschung, denn ich hatte hohe Erwartungen in das gemeinsame Spanien-Geschäft gesetzt. Mit seinem Konzept war der Hendl-König seiner Zeit voraus, und ich hatte auch mit meinen Unternehmen von der Zusammenarbeit profitiert.

Davon überzeugt, dass jetzt amerikanische Fast-Food-Ketten wie McDonalds und Burger King die Führung in Europa übernehmen würden, studierte ich alle möglichen Unterlagen dieser Gastro-Giganten und war von nun an nur noch mit Kamera und Metermaß unterwegs, um das ultimative Erfolgs-Geheimnis zu ergründen. So wurde schon nach kurzer Zeit aus dem ehemaligen Wienerwald-Lokal das erste amerikanische Fast-Food-Restaurant auf Mallorca, eine Mischung aus McDonalds und Burger King. Zunächst war es ein Riesen-Erfolg. Da jedoch meine mallorquinischen Lieferanten nicht in der Lage waren, die vorgegebenen Qualitäts-Standards einzuhalten, wurde aus dem „Andys" später eine Abel-Filiale, die wir mit eigenen, qualitativ hochwertigen Produkten belieferten. Rund um die Uhr geöffnet, erwies sich das Lokal als ein wahrer

Goldesel. Neben Pizza und deutschen Imbiss-Artikeln verkauften wir dort in der Saison im Schnitt mehr als 1000 belegte Brötchen täglich.

Irgendwann hatte mein Vermieter die Idee, die Immobilie abzureißen, um an dieser Stelle ein mehrgeschossiges Haus zu bauen. Dabei waren ihm meine Rechte aus dem Mietvertrag im Weg. Meinen Pflichten aus dem Vertrag war ich immer zuverlässig nachgekommen. Das Mietverhältnis erstreckte sich noch über mehrere Jahre, und es bestand laut Vertrag weder die Möglichkeit, die Pacht zu erhöhen noch den Mietvertrag zu kündigen.

Als Bürgermeister einer mittelgroßen Stadt auf Mallorca hat man jedoch genügend Einfluss und Kontakte, um die Räumung des Lokales auf mallorquinisch zu erledigen. Zuerst bekam ich einen gerichtlichen Bescheid über eine Räumungsklage des Hausbesitzers mit der Begründung, der Kiosk auf meiner Terrasse entspreche nicht den Vorschriften. Da ich eine vorherige Klage in der gleichen Angelegenheit bereits gewonnen hatte, nahm ich den Prozess nicht allzu ernst. Dennoch engagierte ich für die Verhandlung einen der besten und teuersten Anwälte von Palma.

Als der Ortstermin stattfand, riet mir mein mallorquinischer Rechtsanwalt, dem Termin fernzubleiben, da es für mich als Ausländer so besser sei. Zu dem Ortstermin kam dann der Richter gemeinsam mit dem Bürgermeister in dessen Mercedes vorgefahren. Mein Anwalt jedoch erschien überhaupt nicht. Somit konnten Richter und Kläger über den Ausgang des Prozesses alleine entscheiden. Mein Rechtsbeistand versuchte mir später zu erklären, dass er den Termin leider versäumt habe, weil er die Lokalität nicht gefunden habe. Das Lokal lag – für jeden leicht zu finden – direkt an der Strandstraße gegenüber dem jetzigen Balneario Nr. 2.

Welche Entscheidung der Richter, offensichtlich ein Freund oder zumindest ein guter Bekannter des Bürgermeisters, getroffen hat, ist unschwer zu erraten. Für mich war der Wegfall des Lokales ein Geschäftsverlust von über einer Million Euro. Ein Berufungsverfahren wurde vom Gericht in Palma nicht zugelassen. Meinen „Rechtsbeistand" zu verklagen, war unmöglich: Es gibt auf Mallorca keinen einzigen Rechtsanwalt, der gewagt hätte, einen prominenten und einflussreichen mallorquinischen Kollegen anzugreifen.

Geschäft vor Stolz

So wie manche einheimische Unternehmer und Behörden Fremde in ihren Geschäften blockieren, wenn sie Konkurrenz fürchten, genauso bedienen sich die Politiker ihrer, wenn es ihren Interessen nützt. Auch dann, wenn es ihr Stolz eigentlich nicht erlauben dürfte, wie im historischen Fall von Frederic Chopin und George Sand.
Morgens in aller Frühe gehört Valldemossa noch seinen Bewohnern. Ältere Männer tragen ihre Einkäufe nach Hause, eine Frau fegt das Kopfsteinpflaster vor ihrer Haustür. Man grüßt einander. Die Sonne steht niedrig über dem Garten des Kartäuserklosters. Auf den Stühlen der benachbarten Cafés räkeln sich die Katzen, während Kellner in aller Ruhe einen Plausch halten. Wenig später ist es mit der Ruhe vorbei. Touristenbusse rollen die Serpentinen zu dem 17 Kilometer von Palma entfernten Bergdorf hinauf. Deutsche, englische, französische und neuerdings russische Reisegruppen strömen durch die blumengeschmückten Gassen in Richtung Kartause. Allein im Jahr 2005 kamen 250.000 Besucher, um die berühmten Zellen 2 und 4 zu sehen, in denen der polnische Komponist Frédéric Chopin und seine Geliebte George Sand ihren berühmten Winter auf Mallorca verbrachten.
Der Musiker, die Pariser Schriftstellerin und deren Kinder Marc und Solange, sowie eine französische Zofe besuchten die Mittelmeerinsel vom 11. November 1838 bis zum 13. Februar

1839. Sie gehörten zu den ersten berühmten Touristen auf Mallorca. Als die Reisegesellschaft auf dem dampfgetriebenen Schiff „El Mallorquin" in Palma, das damals noch „Ciutat de Mallorques" hieß, eintraf, befand sich das spanische Volk in den Wirren eines Bürgerkrieges und Mallorca in den Händen der Regierungstreuen. Der Empfang in Palma war kühl und die Enttäuschung groß, denn eigentlich hatte man sich so etwas wie Venedig vorgestellt. Den ersten Ärger gab es beim Zoll, wo man dem Komponisten mehr Geld für die Einfuhr seines Klaviers abknöpfen wollte, als das Instrument wert war. Da man sich über die Höhe des Einfuhrzolls nicht einigen konnte, wurde das Klavier kurzer Hand beschlagnahmt und kam unter Zollverwahrung.

George Sand als Provokation

Die Bevölkerung Mallorcas war damals noch sehr stark von der Landwirtschaft, dem feudalen System der Gutsbesitzer sowie der Dominanz der katholischen Kirche geprägt. Die Mallorquiner hatten sich zwar durch das Gesetz „Medizabal" weitgehend von der Macht und dem Reichtum der Religionsorden befreit – die Orden waren aufgelöst, Klöster abgerissen und zweckentfremdet worden. Dennoch waren Probleme zwischen den Insulanern und der Pariser Urlaubsgesellschaft programmiert. Eine Zigarren rauchende Frau in langen Hosen, wie sie zu dieser Zeit nur Männer trugen, in wilder Ehe lebend – das war Provokation pur. Zunächst bewohnte die Reisegesellschaft ein karges, ungemütliches Haus in Establiments, am Stadtrand von Palma.

Als jedoch bekannt wurde, dass der langhaarige fremde Mann an der Schwindsucht litt, mussten die Mallorca-Touristen ihr Domizil umgehend räumen und hatten für die Kosten aufzukommen, die für die Desinfektion des Hauses anfielen. Unter diesen Bedingungen hatten Chopin und Sand keine Möglichkeit mehr, ein ordentliches Haus zu mieten. Und da es zu dieser Zeit auf der Insel noch keine Touristen-Hotels gab, blieb der Reisegesellschaft keine andere Wahl, als eine Behausung in dem verlassenen Kartäuserkloster „Jesu Nazareno de Valdemosa" anzunehmen, das man den Mönchen enteignet hatte. Da die Einheimischen Skrupel hatten, das ehemalige kirchliche Eigentum selbst in Besitz zu nehmen, diente es zunächst Obdachlosen und politischen Flüchtlingen als letzte Zufluchtsstätte.

Von der Bevölkerung verachtet

George Sand schreibt in ihrem Buch „Ein Winter auf Mallorca", das zu einem Bestseller wurde, dass Chopin und sie von der Bevölkerung geschnitten wurden und die Dörfler nicht einmal bereit waren, ihnen Lebensmittel zu verkaufen. Heute klingen ihre Formulierungen – angesichts der Geschäftstüchtigkeit der Mallorquiner – wie Ironie: „...denn hier vermietet man nichts, verleiht man nichts und verkauft man nichts", schrieb George Sand über ihre Bemühungen, sich das Leben auf der Insel einzurichten. Um wenigstens jeden Tag etwas frische Milch für die Kinder und den Kranken zu haben, wurde eine Ziege angeschafft, die sich im Klostergarten ernährte. Es war ein kalter Winter, und die Pariser Gesellschaft fror in ihrer feuchten ungemütlichen Behausung.

Als sich der Gesundheitszustand Chopins auch noch wesentlich verschlechterte und Sand in der mallorquinischen Presse zu lesen bekam, sie sei „die unmoralischste aller Schriftstellerinnen", was dem Ruf einer verrufenen Prostituierten gleichkam, wurde es für die berühmten Touristen Zeit, dem Archipel den Rücken zu kehren.

Sie waren froh, als sie die Insel am 13. Februar 1839 auf dem Dampfer „Mallorquin" wieder verlassen durften. George Sand beklagt sich in ihrem Buch allerdings darüber, dass der Kapitän und die Besatzung des Schiffes den mitreisenden mallorquinischen Schweinen mehr Aufmerksamkeit und Beachtung zukommen ließen als den Passagieren. Allerdings hätten die Gäste wissen müssen, dass der Transport der Schweine und des Getreides für den Kapitän wichtiger war als die Touristen, da die Agrarprodukte zu dieser Zeit die größten Exportartikel der Insulaner für das spanische Festland waren.

Undankbar wie Menschen nun einmal sind, beschrieb George Sand die Inselbevölkerung in „Ein Winter auf Mallorca" überwiegend als negativ, unkultiviert und bezeichnete sie unter anderem als „Affen".

Da die Politiker auf Europas beliebtester Ferieninsel geschäftstüchtig sind und die Insel touristisch vermarkten müssen, sind sie nicht nachtragend, und so kam die Schriftstellerin trotz ihrer überwiegend negativen Beurteilung der Inselbevölkerung, im Nachhinein doch noch zu großen Ehren. Sie wurde von Inselrats-Präsidentin Antonia Munar posthum geehrt und zur „Tochter der Insel" erklärt.

Das Verdrehen der historischen Realität wirft ein deutliches Licht auf die Haltung mancher Insel-Repräsentanten. Wenn es darum geht, Kapital aus einer Situation zu schlagen, dann sind Politiker oft auch bereit, ihren Stolz zu vergessen.

Wallfahrtsort für Touristen

Valldemossa wurde durch die wenigen Wochen, in denen der lungenkranke Chopin dort wie ein Aussätziger hausen durfte, zu einer einträglichen Besucherattraktion. Zunächst kamen die Künstler. Unter anderen verbrachten die großen Schriftsteller Jorge Luis Borges, Rubén Darío sowie der spanische Nobelpreisträger Camilo José Cela einige Zeit in dem Bergdorf. Zeitzeugen berichten von intellektuellen literarischen Zirkeln und anspruchsvollen Konzerten vor einem eher ungebildeten Dorfpublikum.

Den Literaten folgten die Touristen. Heute schmückt sich der ganze Ort mit Chopin und lebt sehr gut davon. Seit den siebziger Jahren ist die Zahl der Geschäfte von drei auf über 40 gestiegen. Antiquitätengeschäfte, Souvenirläden und Restaurants buhlen um Gunst und Geld von Kulturtouristen und Wochenendbesuchern. Valldemossa gehört mittlerweile zu den reichsten Gemeinden Mallorcas.

Da lässt sich die Tatsache, dass die Einheimischen Chopin und seine französische Begleiterin einst verachteten, demütigten und sie am liebsten ausgehungert hätten, ganz gut ausblenden.

Nachzutragen ist noch, dass der berühmte Komponist sein Klavier zu guter Letzt doch noch auslösen konnte, nachdem man sich auf Umwegen über eine annehmbare Verzollungsprämie geeinigt hatte.

Meines Erachtens dürfte der Tag des spanischen EU-Beitritts der schwärzeste in der Geschichte der spanischen Zollbeamten gewesen sein, da sie seitdem für Waren aus dem Ausland nicht mehr abkassieren können. Als die Importwaren für meine Firma noch an der spanischen Grenze in La Junquera abgefertigt werden mussten, lief ohne Bestechung gar nichts, wollte man nicht endlose Diskussionen, Wartezeiten oder totale Ablehnung riskieren. Die spanischen Zöllner führten sich wie Götter auf und waren daran gewöhnt, von allen Exporteuren, die ihre Waren nach Spanien einführen wollten, ihren privaten Anteil abzuzocken.

Tödlicher Zusammenhalt

Auf der Insel gibt es heute noch Strukturen, die in Deutschland undenkbar sind. Das trifft oft auch auf die Rettung und den Transport von Kranken und Unfallopfern zu, mit dem von dem Betreiber rücksichtslos Geld verdient wird. Diesen Service zu verbessern, wird immer wieder von den Interessengruppen, die bereits im Geschäft sind, verweigert. Ein Beispiel dafür ist der Versuch eines guten Bekannten, einen Helikopter-Rettungsdienst auf der Insel zu installieren.

In Köln besuchte ich Peter Waltner, um von ihm persönlich zu erfahren, wie das mit dem medizinischen Transportservice „Heli-Med" auf Mallorca war.

„Angefangen hat das alles mit meinem guten Freund, der auf Mallorca nach einem Herzinfarkt sterben musste, weil der Rettungswagen erst nach über einer Stunde eintraf. Sein Tod beschäftigte mich noch einige Zeit, und ich fragte mich, warum so viele Menschen, unter ihnen auch zahlreiche Deutsche, so sinnlos auf Mallorca sterben müssen. In Deutschland dauert es statistisch gesehen knapp acht Minuten, bis medizinische Notfallhilfe eintrifft, auf Mallorca kann es Stunden dauern. Deshalb beschloss ich, bei der Lösung dieses Problems auf Mallorca tatkräftig zu helfen. Der mallorquinische Boykott hat mir einen Millionenverlust eingebracht."

Waltner redete sich schnell in Rage: „ Zunächst habe mich voll in die Sache reingekniet, aber von mallorquinischer Seite aus hat man mir immer nur Knüppel zwischen die Beine geworfen. Anfangs verstand ich nicht, wieso weiterhin Menschen in Notfällen und bei Unfällen auf Mallorca sterben müssen, nur weil die Rettung oft viel zu spät am Ort des Geschehens eintrifft. Darüber hinaus sind auch die Krankenwagen für die meisten Notfälle nicht ausreichend ausgestattet, und viele Unfallopfer überleben den Transport in die Klinik nicht. Warum nur bezog man uns vom „Heli Rettungsdienst" bei dringenden Fällen nicht in den Notdienst und in die Bergung der Unfallopfer mit ein?, das fragte ich mich immer wieder. Vollkommen unverständlich, zumal wir unseren Service für den Rettungsdienst gratis anboten. Nicht ein einziges Mal haben wir in eineinhalb Jahren die Möglichkeit bekommen, auf der Ferien-Insel Menschenleben zu retten.

Durch das unverständliche Handeln der Verantwortlichen für das mallorquinische Rettungs-System haben wahrscheinlich viele Menschen den Tod gefunden. Vom Ex-Ministerpräsidenten Antich angefangen, sollte man sie alle wegen unterlassener Hilfeleistung zur Verantwortung ziehen." Peter Waltner war jetzt sichtlich erregt und übergab mir eine umfangreiche Mappe mit allen möglichen Unterlagen in Fotokopie. Ich blättere, da gibt es eine Historie über Heli-Med, beginnend mit dem 15. 5. 1999 bis zum 13. 12. 2001, dem Tag des Rückflugs des Rettungs-Helikopters nach Deutschland. Da gibt es eine Studie über den Einsatz eines Rettungshelikopters auf den Balearen. „Ja das haben sie auch von mir verlangt, als ihnen keine andere Ausrede mehr einfiel", hörte ich ihn sagen. „Irgendwann wollte ich es genau wissen, warum ich boykottiert wurde", fuhr Peter Waltner fort. „Da habe ich bei verschiedenen Kliniken persönlich vorgesprochen und gefragt, warum wir nicht zum Einsatz kommen. Nur hinter vorgehaltener Hand bekam ich zu hören, die Kliniken würden bedroht, für den Fall, dass sie den Heli-Rettungsdienst der Deutschen anforderten." Unbegreiflich für mich: Da gibt es auf Mallorca Kreise, die aus geschäftlichen Interessen mit Menschenleben spielen.

„Ich habe alles Mögliche versucht", fuhr mein Kölner Gastgeber fort, „hier sehen Sie meine Schreiben vom 1. August 2001 an den Ministerpräsidenten der Balearen-Regierung. Am 5. August schrieb ich dann an den Innenminister Josep M. Costa und am 8. desselben Monats nochmals an den Präsidenten Francesc Antich. Alle Schreiben wurden selbstverständlich ins Katalanische übersetzt.

Die Herrn hielten es noch nicht einmal für nötig, mir auf meine Schreiben zu antworten, dabei habe ich doch nur einen Rettungsdienst zur kostenlosen Nutzung angeboten, um Menschenleben auf der Ferieninsel zu retten."

Auf dem Heimweg nach Frankfurt ließen mich die Gedanken über das, was ich erfahren hatte, nicht mehr los. Wo war die öffentlich angekündigte Unterstützung für die beiden Deutschen Peter Waltner und Klaus Gehrmann geblieben? Ich rief mir das Geschehen noch einmal in Erinnerung: 1999 hatten sie einen Rettungshubschrauber mit Piloten und medizinischem Personal auf der Insel installiert. Begleitet von Gratulationen, Lob und Empfehlungsschreiben mallorquinischer Politiker wie der Gesundheitsministerin aber auch des Präsidenten der Europäischen Kommission, Jacques Santer, und unterstützt von zahlreichen positiven Berichten in mallorquinischen und deutschen Medien, startete das Unternehmen mit der eigens gegründeten Gesellschaft Heli-Med. Der Inselregierung entstanden dabei keinerlei Kosten. Einsätze sollten über Mitgliedsbeiträge eines eigens gegründeten Vereins und die Krankenkassen finanziert werden. Ab Mai 2000 war der Helikopter beim Krankenhaus in Muro stationiert.

Obgleich eine vertraglich abgesicherte Genehmigung und ein Anforderungsschreiben des Innenministeriums der Balearen über die Einbindung des Hubschraubers in das Rettungssystem 112 vorlagen, gab es trotz vieler Unfälle und dringender Transporte keine Aufträge und Einsätze, weil die Leitstelle dies verweigerte. Eine Reklamation beim Innenminister hatte außer der Ankündigung, die Hintergründe zu klären, keine Folgen. Obgleich bei zahlreichen Unfällen und Krankeneinsätzen mit bodengebundenen Fahrzeugen vermutlich Menschen starben, weil sie nicht rechtzeitig behandelt werden konnten, blieb der Helikopter am Boden.

Immer neue Gutachten wurden angefordert, die Leitstelle weigerte sich, den Helikopter in Notfällen anzufordern, auch wenn klar war, dass die Rettungswagen viel länger für den Einsatz benötigen würden. Beschwerden beim Innenminister und dem Präsidenten der Balearenregierung wurden nicht beantwortet oder führten zu keiner Reaktion. Nach 19 Monaten und Investitionen im siebenstelligen DM-Bereich gaben Waltner und Gehrmann auf, ohne dass ihr Helikopter auch nur für einen einzigen ernsthaften Einsatz angefordert wurde. Sie mussten erkennen, dass sie trotz gegenteiliger Bekundungen der Politi-

ker auf der Insel unerwünscht waren. Ihr Hubschrauber wurde am 9. August 2001 nach Deutschland zurückgeführt.
Obwohl sie das bestehende Rettungssystem nur hatten ergänzen wollen, wurden die Deutschen als vermeintliche Konkurrenten auf Kosten der Hilfsbedürftigen boykottiert.
Das mallorquinische Unternehmen, das alle Krankentransporte organisiert, stellte in Aussicht, selbst einen Helikopter-Rettungsdienst für Notfälle zu organisieren.
Mir ist nicht bekannt, dass dieser jemals seinen Betrieb aufgenommen hätte.

Rettung ist Glücksache

Der Krankenwagen, der den Deutschen abtransportierte, fuhr geradewegs zur Zweigstelle der Klinik „Juaneda" in Cala Playa in der Nähe von Arenal, die früher „Euroklinik" hieß und von überwiegend deutschen Ärzten und deutschem Pflegepersonal betreut wurde. Das war nicht immer so. Als noch schwedische Investoren die Klinik betrieben, wurde nicht ein einziges Mal ein offizieller Krankentransport dort abgeliefert. Jetzt wo dieselbe Klinik von Einheimischen betrieben wird, hat sich das schlagartig geändert.
Ausländer, die sich auf Mallorca in das Geschäft des Krankenwesens, insbesondere in das des Krankentransportes, einmischen wollten, bekamen das bitter zu spüren. Wo und in welcher der 16 Kliniken in Palma jemand abgeliefert wird, entscheidet die Leitstelle nach einem System, von dem man immer wieder hört, dass die Höhe des „Bakschischs" der einzelnen Konkurrenten für die Zuweisung ausschlaggebend sei.
Das sollte in einer Notsituation wohl auch mit mir so ablaufen, als meine Frau den Rettungsdienst anrief. Als man dort registrierte, dass sie Deutsche ist, wurde sie sofort mit einer freundlichen, deutsch sprechenden Ärztin verbunden, die mir den Krankenwagen schicken wollte. Als ich mich erkundigte,

wo man denn beabsichtige, mich unterzubringen, sagte sie beiläufig: „Na ja, die Deutschen bringen wir generell in die Juaneda." Als ich ihr sagte, dass ich Spanisch spreche und in eine andere Klinik wolle, von der ich wisse, dass sie meiner Meinung nach wesentlich besser sei und die Kosten von meiner spanischen Privatversicherung übernommen würden, sagte sie nur: „Ach ja, da gehen die Einheimischen hin", und ihre Freundlichkeit ließ sofort merklich nach.
Genau da beginnt das Problem für viele Touristen, die sich sprachlich nicht verständigen können. Es gibt auf Mallorca nur drei staatliche Kliniken, „Son Dureta" und „Son Llatzer" in Palma und das Klinikum „Manacor", bei denen die Kosten von allen deutschen Kranken-Versicherungen, einschließlich der AOK, direkt übernommen werden, ohne dass man in Vorlage treten muss. Alle anderen Kliniken auf Mallorca sind Privatkliniken, bei denen man, ohne es zunächst zu wissen, als Privatpatient geführt wird und mit einer teuren Abrechnung in Vorlage treten muss. Aber nicht jeder deutsche Tourist verfügt über ausreichendes Kapital. Das kann dann zu einem bösen Erwachen führen.

Privatpatient wider Willen

Eine vollkommen unverständliche Regelung gibt es bei Unfällen. Nach Auskunft bei der AOK-Stelle in Palma werden alle Unfallopfer fast nur in Privatkliniken abgeliefert, obwohl auf Mallorca jeder weiß, dass die staatlichen Kliniken den höchsten medizinischen Notfall-Standard haben.
Die Rettungsorganisationen lässt viel zu wünschen übrig. Das mussten auf der Insel vermutlich schon viele Deutsche mit ihrem Leben bezahlen. Ich habe selbst miterlebt, wie am Badestrand von Paguera ein älterer Mann aus dem Wasser gezogen wurde und der Notarzt erst nach 90 Minuten eintraf. Er stellte den Tod fest, und man bedeckte den Körper, der neben der

Strandbude lag, an der ich mein Bier trank, mit einer Decke. Nach einiger Zeit stellte ich fest, dass der vermeintlich Tote seine Zehen bewegte. Der abermals herbeigerufene Arzt, brauchte wieder eine knappe Stunde, um schließlich zu versichern, jetzt sei der Mann wirklich tot.

Ein anderes Mal machte man am Strand bei einem aus dem Wasser geborgenen Bewusstlosen kräftige Wiederbelebungs-Versuche. Die fielen wohl ein wenig zu intensiv aus, denn der Arzt stellte später fest, dass der Mann nicht ertrunken, sondern an schweren Rippenbrüchen gestorben war, die ihm die nicht ausgebildeten Helfer – sicherlich nicht absichtlich – zugefügt hatten.

Wenn ich mir eine Notsituation vorstelle mit einem Herzinfarkt, Schlaganfall oder einen Unfall, dann wünsche ich mir in so einem Fall anstatt in Palma lieber in Frankfurt oder Fulda zu sein.

Flic Flac – wie ein Traum zum Albtraum wurde

Ganz bitter traf es einen anderen Bekannten von mir, dessen Vertrauensseligkeit und Optimismus von seinen Beratern und der Konkurrenz ausgenutzt wurde, um seine Existenz zu ruinieren. „Du hast ja eine wunderbare Sicht über Schaffhausen", sagte ich zu meinem Bekannten Eduard Hingel, den ich an seinem derzeitigen Wohnort in der Schweiz besuchte. „In den deutschen Zeitungen auf Mallorca wurde seinerzeit ja viel über dich und Flic Flac berichtet", fuhr ich fort.

„Ja die haben mich auf Mallorca fertiggemacht, ich habe dort mein ganzes Vermögen, mehr als eine Million Mark, verloren", so begann Eddy unsere Unterhaltung. „Aber, Horst, habe bitte Verständnis, was ich auf Mallorca erlebt habe, darüber kann ich jetzt noch nicht reden, es nimmt mich noch zu sehr mit. Die mallorquinische Veranstaltungs- und Disko-‚Mafia' hat mich seelisch und finanziell für den Rest meines Lebens ruiniert. Ich verspreche dir aber, irgendwann, wenn es mir seelisch besser geht, werde ich dir alles aufschreiben."

Betreten und nachdenklich fuhr ich mit meiner Frau wieder zurück nach Frankfurt. Inzwischen habe ich seine Aufzeichnungen per E-mail erhalten, die ich hier fast wortgetreu wiedergebe:

„Angefangen hat alles mit meiner Frau, die mir, als wir wieder einmal auf Mallorca waren, in den Ohren lag, endlich dorthin zu übersiedeln. Meine Lust dazu hielt sich in Grenzen, da es uns in Deutschland gut ging und ich genug zu tun hatte. Ich war Hoteldirektor bei der Lindner-Gruppe, außerdem hatte ich mehrere gastronomische Betriebe, unter anderen das „Bistro 1", das ich 1978 in Berlin am Kurfürstendamm aufgemacht hatte.

Zu der Idee, den Erlebnis-Zirkus Flic Flac auf Mallorca zu etablieren, kam ich durch einige Artisten, die in meinem Hotel logierten und in Deutschland bei Flic Flac auftraten. Die Artisten machten mich mit den Firmengründern des Unternehmens bekannt, und ich bekam den Auftrag, das gastronomische Konzept und die Vermarktung inklusive Sponsoring für Mallorca auf meine eigene Kappe zu übernehmen.

Auf der Insel kein leichtes Unterfangen. Zwei Jahre habe ich in die Vorbereitungen investiert und aus eigener Tasche viel Geld dafür ausgegeben.

Mit der Zirkusleitung wurde eine Vereinbarung getroffen, dass sie das Programm gestalten und ich den Part des Veranstalters übernehmen würde.

Auf Mallorca kam es zu einer vertraglichen Vereinbarung mit einer Beratungsfirma in Palma, Paseo Mallorca, die für mein Unternehmen die Kommunikation zu den Behörden übernehmen sollte. Es wurde mir versichert, ich müsse mir keine Sorge machen, denn sie hätten die allerbesten Beziehungen, und man könne alles regeln. Diese Firma vergesse ich nicht, denn sie wurde für mich die Geldabladestelle Nr. 1 auf Mallorca.

Ohne Kenntnis der inselspezifischen Gepflogenheiten wähnte ich mich gut, wenn auch teuer aufgehoben.

An der Autobahnausfahrt nach Palma Nova, ganz in der Nähe des „Club de Hielo", fand ich ein 5000 Quadratmeter großes Grundstück, das ich für zehn Jahre anmietete. Von der zuständigen Gemeinde in Calvia bekam ich 1992 für mein Vorhaben grünes Licht, mit der Erklärung, man freue sich auf den Zirkus, da es seit mehr als 30 Jahren keine neuen Attraktionen für den Tourismus in dieser Region mehr gegeben habe.

Um die Verantwortlichen der Gemeinde Calvia für das Projekt nachhaltig einzunehmen, wurde mir von meiner Beraterfirma in Palma eine Geschäftsreise mit dem Besitzer und dem Personal des Unternehmens sowie einigen politischen Funktionären nach Ibiza empfohlen, die mit stolzen 8.000 Mark zu Buche schlug.

Meine Arbeit bestand nun darin, Kontakte zu verschiedenen Reiseveranstaltern wie TUI-Event und Agencias de Viajes herzustellen, die damals rund 200 Mitglieder hatte. Firmen wie Coca Cola, die Paulaner Brauerei, Langnese, Deutz & Geldermann, Gerolsteiner, Erdinger, und auch TUI-Events konnte ich als Sponsoren gewinnen. Wenn ich mich zwischendurch bei meiner Beraterfirma nach dem Stand der Dinge erkundigte, wurde mir immer wieder bestätigt, dass alles gut laufe. Zunächst sah ich keinen Grund für Misstrauen. Was mir damals noch nicht auffiel, war das besondere Interesse des Besitzers eines großen Show-Restaurants auf der Insel an meinem Projekt. Wann immer ich auf der Insel weilte, lud er mich kollegial zu sich zu einem feudalen Essen mit Hummer und Champagner ein. Erst später wurde mir bewusst, dass der Grund der Einladung der war, sich über den Stand der Dinge zu informieren und von mir wichtige Interna zu erfahren. So auch, für welchen Termin die Eröffnung meines Betriebes geplant sei. Da er ein guter Freund meiner Beraterfirma war, die für mich alle Behördenwege auf der Insel glätten sollte, blieb ich zunächst arglos.

Viel Geld für Goodwill

Misstrauisch wurde ich, als mein Architekt – auch ein Freund meines Beraters – plötzlich erklärte, die Bestimmungen hätten sich jetzt geändert, das Grundstück müsste umfangreich mit allerlei Befestigungen, Drainagen und anderen teuren Einrichtungen ausgestattet werden. So flossen mal schnell 400.000 Mark in einen Zirkusplatz, ohne dass man davon etwas gesehen hätte.

Jetzt lief auch die Promotion für den Zirkus an. Mit wichtigen Leuten aus Mallorca, Medienvertretern, Politikern aus Palma und Calvia, Vertretern von Reiseveranstaltern, der gesamten Belegschaft meiner Beraterfirma ging es mit einer gecharterten Iberia-Maschine mit 180 Plätzen, zwei Piloten und sechs Stewardessen ab nach Bremen. Zweck des Unternehmens war, der Gesellschaft das Programm von Flic Flac zu zeigen, die in der Hansestadt ihre vorläufig letzte Vorstellung gaben.

Ich organisierte auch noch einen Empfang durch führende Politiker im Ratskeller in Bremen. Für das Programm waren natürlich sämtliche Logenplätze im Zirkus mit Galadinner reserviert. Anschließend wurde das gesamte Merkur-Hotel durch die Mallorca-Gesellschaft in Beschlag genommen. Über das Ereignis berichteten in den Tagen danach die Medien spanienweit, und ich war 150.000 Mark ärmer.

Jetzt glaubten wir uns unserem Ziel näher denn je, und ich kaufte vom Cirque de Soleil ein Zirkuszelt mit einem Fassungsvermögen von 1880 Besuchern, mit einem großen Vorzelt für die Gastronomie. Parkplätze für Personenwagen und Busse waren in ausreichender Zahl vorhanden. Schließlich besorgte ich noch vier große Klimaanlagen für 100.000 Mark.

Je näher wir der Realisierung des Projektes kamen, umso mehr sprach mein Berater von unvorhergesehenen Problemen, die aber zu lösen wären, wenn wir uns den Verantwortlichen in Calvia gegenüber nur großzügig zeigten. 50.000 Mark gab ich zunächst meiner Beraterfirma. Gemeinsam übergaben wir den größten Teil des Bakschischs einem leitetenden Funktionär des Bauamtes, damit seine Kinder in Barcelona studieren konnten. Das war aber nicht das einzige Schmiergeld, das fließen musste. Jeden Monat kam ich mit einem Umschlag bei meinem Betreuer vorbei.

Doch eines Tages war es dann so weit, das Zelt kam per Fähre aus Barcelona und wurde durch fachkundige Zeltmeister aufgestellt. Die Premiere war für Ende Mai festgelegt. Die ersten Artisten trafen auf Mallorca ein. Ich war noch ganz gut bei Kasse und mietete großzügige Wohnungen.

Kurz vor der Eröffnung wurde ich von einem aufgeregten Chef der Beraterfirma in die Kanzlei zitiert. Dort eröffnete er mir, wir müssen alles abblasen, denn er würde bereits bedroht. Man habe ihm zu verstehen gegeben, ihn ins Bein zu schießen, wenn er das Vorhaben Flic Flac weiter unterstützen würde. Ich bestand darauf, mir Ross und Reiter zu nennen, denn ich wollte wissen, wer mein Projekt derart skrupellos bekämpfte und bekam die Antwort: Die Bedrohung käme hauptsächlich vom Betreiber eines großen Show-Restaurants und Besitzern von Nachtclubs und Discos.

Zunächst behielt ich das alles für mich und arrangierte im Bürgermeisteramt in Calvia ein Treffen mit der damaligen Bürgermeisterin Najera und dem Baurat der Gemeinde. Außerdem nahmen an dem Treffen verschiedene Unternehmer von Show-Restaurants und weitere in der Branche beheimatete Manager teil, alle in Begleitung ihrer Rechtsanwälte. Auch mein Vertreter, der Chef der Beratungsfirma aus Palma, war dabei.

An viele Details will und kann ich mich nicht mehr genau erinnern, eines jedoch ist mir im Gedächtnis geblieben, als nach langen Diskussionen der Wortführer der etwa 30 Anwesenden den Baurat bedrohte, er dürfe sich nicht wundern, wenn er eine Kugel in den Kopf bekäme, sollte er weiterhin mein Projekt unterstützen.

Ein Ende mit Schrecken

Die Gemeinde Calvia hielt jedoch zu mir, und es ging zunächst mit den Vorarbeiten weiter. So lange bis auf einmal ohne hinreichende Begründung der Gemeinde die Zuständigkeit entzogen wurde und mir von nun an Palma die Genehmigung geben musste. Jetzt fing für mich das Spießrutenlaufen erst richtig an.

Das nagelneue Zelt, das vom TÜV Rheinland abgenommen worden war, musste für den so genannten mallorquinischen Standard umgebaut werden, was beim technischen Niveau einen Schritt zurück, von der Moderne ins Mittelalter gleichkam.

Alle möglichen für mich völlig unsinnigen und offenbar willkürlich erfundenen Vorschriften habe ich notgedrungen erfüllt. Der Fußboden musste mit einem speziellen, nur auf Mallorca erhältlichen Lack bestrichen werden, aus der Zeltwand musste ich ein vier Quadratmeter großes Stück schneiden, das zur Überprüfung ins Physikalische Institut nach Barcelona geschickt werden musste. Dabei war die Brandsicherheit bereits in Paris von einem weltweit anerkannten Institut bestätigt worden. Auch zwang man uns dazu, die 300 verzinkten Zeltstangen mit einem speziell auf Mallorca hergestellten Lack kostspielig zu lasieren.

Die Eröffnung zog sich immer mehr hin, und in der Zwischenzeit mussten bereits die Artisten bezahlt und verpflegt werden. Es vergingen Monate, bis wir dann nach langem Hin und Her am 27. August 1997 die Erlaubnis für die Premiere bekamen. Aber jetzt war die Saison fast zu Ende, und die bereits mit den Reiseveranstaltern abgeschlossenen Verträge konnten nicht eingehalten werden. Die hatten alle umdisponiert und wollten oder konnten uns keine Besucher mehr schicken.

Die Ratten verließen das sinkende Schiff, und die größte Ratte war mein Berater. Die Eröffnung wurde dann mit allen möglichen Aktionen sabotiert; plötzlich funktionierte die Stromversorgung nicht mehr, alle Feuerlöscher wurden entleert, die gesamten Merchandising-Artikel wurden trotz Bewachung gestohlen. Die Artisten wurden von den Mallorquinern abgeworben, und die Boykottaktionen nahmen kein Ende.

Das zog sich einige Monate hin. Dennoch war es mir gegen alle Widerstände gelungen, das Zelt zu halten und eine neue Truppe aufzubauen. Mit der Generalprobe und einem anspruchsvollen Programm sollte es am 25. Dezember 1997 losgehen. Auch die Silvestergala, die ich mit Hilfe des Kaufhauses „Corte Ingles" organisiert hatte und für die im Vorverkauf bereits 1750 Karten abgesetzt wurden, war schließlich ausverkauft. In Anwesenheit der Bürgermeisterin Najera fand mit 1600 Besuchern die Generalprobe statt. Es war ein voller Erfolg, die Menge tobte vor Begeisterung.

Wir waren guter Dinge, am nächsten Tag sollte die erste offizielle und bereits ausverkaufte Vorstellung beginnen. Am 26. Dezember frühmorgens wurde ich geweckt durch einen Anruf von der Polizei, mit der Anweisung, schnell zum Zelt zu kommen, es sei etwas Schlimmes passiert. Schon von weitem erkannte ich, das Zelt war eingeknickt. Man hatte in der Nacht den Hauptmast manipuliert und so den Bau zum Einsturz gebracht. Eine schnelle Reparatur war nicht möglich.

Das war das unspektakuläre spektakuläre Ende von Flic Flac auf Mallorca, denn mir wurde kurz nach der Besichtigung durch die Polizei die Aufforderung zugestellt, das ich die Insel mit dem Zelt innerhalb von einer Woche zu verlassen hätte, da es sonst beschlagnahmt würde. Offenbar um dem Nachdruck zu verleihen, wurde ich bei anonymen Telefonanrufen mit den Worten bedroht, die ich nie vergessen werde: „Heute ist dein Zeltmast gebrochen, aber wenn du nicht sofort verschwindest, brechen wir dir und deiner Familie die Knochen."

Ich weiß, dass sich Eddy Hingel von dem, was er auf Mallorca erlebt hat, sowohl finanziell als auch seelisch nicht mehr erholt hat.

Freund Fred und die Nächstenliebe

Aber es gibt auch ganz andere Beispiele für typisch mallorquinisches Verhalten, wie das Schicksal meines Freundes Fred Hülsmeyer zeigt, der leider nicht mehr lebt. Nach mehreren „Heidelikören", so nennt man in der Lüneburger Heide den „Ratzeputz", einen hochprozentigen Ingwerschnaps, kam Fred Hülsmeyer zur Sache: „Horst, ich habe es in Deutschland satt. Kannst du mir helfen, ich möchte nach Mallorca kommen?" Schon oft hatte ich in seinem kleinen, idyllischen Hotel in Norddeutschland logiert. „Warum nicht?", entgegnete ich ihm. „Aber ich sage dir, Mallorca ist kein Zuckerschlecken", ergänzte ich. Fred war früher Backmeister bei Unilever gewesen und glaubte, er könne auf der Insel mit einer Bäckereikette beruflich wieder Fuß fassen. Er war nicht reich, aber er und seine Lebensgefährtin Bärbel Hoppe hatten keine Angst vor der Arbeit und konnten kräftig zupacken.

Sie kamen also auf die Insel und zogen zunächst nach Campos. Der Ort im Südosten Mallorcas ist kein Ferienort. Höchstens an Markttagen besuchen ein paar Touristen und Einheimische die Straßen. In dem typisch mallorquinischen Ort sind die Einheimischen meistens unter sich. Aber Fred hatte es unter vielen Anstrengungen und Entbehrungen irgendwann geschafft: Sein Lokal „Café Galeria" wurde gleichermaßen von den deutschen Residenten und Einheimischen besucht. Neben seiner Gaststätte beschäftigte er sich seit einigen Jahren gewinnbringend mit der Papageienzucht und verkaufte seltene Exemplare in alle europäischen Länder. Einige seiner Vögel stammten noch aus dem Nachlass des Bierkönigs, der seinerzeit die größte Zucht von seltenen Exemplaren in ganz Europa besessen und Millionen-Gewinne damit gemacht hatte. Obwohl sich Freds Bestand nicht damit vergleichen ließ, hatte er ein geregeltes Einkommen und konnte bis zuletzt von seinen geschäftlichen Aktivitäten sehr gut leben.

Das war nicht immer so. Nach ihrer Ankunft auf Mallorca mussten die beiden Zuwanderer harte Zeiten durchstehen. Manchmal glaubte Fred Hülsmeyer nicht, dass er den nächsten Tag noch erleben würde. Doch in bitterer Not erfuhr seine Familie von den Mallorquinern wahre Freundschaft und Nachbarschaftshilfe.

Nachdem seine Pläne in Mallorca zunächst nicht zu realisieren gewesen waren, hielt er sich mit dem An- und Verkauf von Trödel über Wasser, bis er später eine kleine Finca an der Straße von Campos nach Felanitx mietete. Dort konnte er alte Möbel restaurieren, und Bärbel übernahm den Verkauf.

Wenn das auch nicht das große Geschäft wurde, so war für die Familie die Welt noch in Ordnung – bis eines Tages die Ärzte bei Fred Krebs feststellten. Die Diagnose war niederschmetternd. Es hatten sich schon Metastasen gebildet und die Schmerzen waren fürchterlich. Sterbenskrank wurde er in die Klinik „Son Dureta" eingeliefert. Er wurde sofort mit Bestrahlungen und Chemotherapie behandelt. Fred rechnete es den Mallorquinern hoch an, dass ihm jede verfügbare Therapie zuteil wurde. Als er dann auch noch Sehstörungen bekam, wurde er zur Kernspintomographie in eine Privatklinik gebracht. Dass er keine Krankenversicherung hatte und niemand für die Behandlungskosten aufkam, spielte dabei keine Rolle. Da Fred auch kein Geld für Tabletten und Medizin hatte, halfen ihm die Krankenschwestern, besorgten ihm, was er brauchte, und bezahlten es aus eigener Tasche.

Hilfe in schwerer Zeit

Während der langen Zeit des Krankenhausaufenthaltes war seine Frau mit Kind in Campos vollkommen mittellos. Oft waren sie vor Hunger dem Zusammenbrechen nahe. In dieser schweren Zeit erlebten die beiden eine ungeahnte Welle der Hilfsbereitschaft. Besonders aus der Nachbarschaft und von

Freunden aus ihrer Wohngemeinde, die am Schicksal der in Not geratenen Familie teilnahmen, kam unerwartet Hilfe. „Völlig fremde Menschen brachten uns Brot, Milch und andere Lebensmittel", erinnert sich Bärbel Hoppe, „ein Bauer brachte uns Eier und stellte uns einen Sack Kartoffeln vor die Tür." Ihr Sohn Christoph, der die Dorfschule besuchte, wurde von Freunden zu Ausflügen abgeholt. Andere Nachbarn fuhren Bärbel nach Palma in die Klinik und holten sie auch wieder ab. „Eine solche Nachbarschaftshilfe war mir aus Deutschland unbekannt und eine ganz neue Erfahrung", erinnerte sich Fred. „Später, als ich aus der Klinik entlassen wurde, bekam ich sogar noch eine kleine finanzielle Hilfe von öffentlichen Stellen in Mallorca."

Nachdem Fred wieder einigermaßen auf den Beinen war, erhielt er von einem befreundeten Mallorquiner einen leichten Job am Badestrand von „Es Trenc". Dazu bekam er ein Auto geschenkt, um zur Arbeit kommen zu können. Auch die Kirche unterstützte die Familie mit Lebensmittelpaketen.

Langsam kam er auch finanziell wieder auf die Beine, und als ihm dann von deutschen Residenten und mallorquinischen Freunden finanzielle Hilfe angeboten wurde, eröffnete er sein Lokal „Café Galeria". Halb Campos kam zur Eröffnung. „Mit dem Fest konnten wir uns ein wenig für die überwältigende Hilfsbereitschaft der Mallorquiner bedanken", sagt Bärbel heute voller Stolz. „Auch wenn wir leider die Sprache noch nicht vollkommen beherrschten, so war Mallorca doch unsere neue Heimat geworden, weil wir uns hier wohlfühlten", betont Freds Frau.

Obgleich wir uns nicht oft sahen, kam ich doch hin und wieder gerne auf einen Kaffee oder ein Bier bei den beiden vorbei. Die Wirtsleute versorgten mich dann stets mit allerhand Neuigkeiten aus der Provinz, von der ich in Palma nicht allzu viel mitbekomme. Campos, fernab ab von allem Tourismus, ist noch ein original-mallorquinischer Ort und dem Anschein

nach etwas hinter der modernen Zeit zurück, so wie es in ländlichen Gebieten in Deutschland früher auch einmal war.
„Fred ist eingeschlafen", war die kurze SMS vom Tode meines Freundes, die ich von Bärbel kürzlich erhielt.

Ein vorbildliches Miteinander auf Mallorca

Wenn sich zugezogene Deutsche abkapseln und nur mit den eigenen Landsleuten verkehren, dann bildet sich das, was die Einheimischen „Ghettos" nennen.

Erwartet man von den Mallorquinern, in ihre Gesellschaft aufgenommen zu werden, dann muss man auch eine Gegenleistung erbringen, die zunächst darin besteht, Aufträge und Dienstleistungsjobs vorzugsweise an Ortsansässige zu vergeben und sich an ihre Sitten und Gebräuche zu halten. Das ist in etwa das gleiche, was wir in Deutschland auch von den Ausländern erwarten, die in unserem Land sesshaft werden möchten. Diesen Aspekt halte ich für wichtig, weil die meisten Deutschen eine Anerkennung in der mallorquinischen Gesellschaft einfordern, aber nichts dafür tun. Becker und Co. haben diese Notwendigkeit missachtet und teuer dafür bezahlen müssen.

Nicht so ein Freund aus Frankfurt, dem die Integration auf Mallorca in dem kleinen Ort Lloret de Vistalegre optimal gelungen ist, wie die Schilderung meiner Eindrücke zeigt: Die Vorbereitung auf ein Dorffest mit Einheimischen und Immigranten waren abgeschlossen.

Nach Sonnenuntergang legte sich eine angenehme Kühle über den festlich geschmückten Platz. In langen Reihen waren auf dem Dorfplatz gedeckte Tische aufgestellt, die von Lichterketten romantisch beleuchtet wurden.

Noch immer bin ich von dieser 800 Einwohner zählenden Dorf-Gemeinschaft beeindruckt und fühle mich in diesem Ort wohl, auch wenn er außer Will Kauffmanns Finca, der großen

Pfarrkirche, Windmühlen und Dorf-Kneipe touristisch nichts zu bieten hat.

Es ist ein milder August-Sommerabend. Mein Freund Will Kaufmann aus Frankfurt, der auch schon einige Jahre auf der Sonnen-Insel lebt und den ich hin und wieder in seinem idyllischen „Agro-Tourismus-Hotel" in Lloret de Vista Alegre besuche, hatte mich zum Dorffest eingeladen. Noch nie habe ich auf Mallorca eine Festlichkeit erlebt, bei der eine solche Harmonie zwischen den Einheimischen und den Neumallorquinern besteht. Ich saß mitten in der Gesellschaft von einigen hundert Dorfbewohnern und hatte als Fremder sofort das Gefühl, dazuzugehören. Es wurde reichlich für alle Essen und alle möglichen Getränke serviert, man konnte sehen: Jeder, der es sich leisten konnte, hatte mit Naturalspenden zur kostenlosen Bewirtung der Festgemeinschaft beigetragen. Hier erlebte ich, wie Deutsche und Mallorquiner Freundschaft geschlossen haben und ohne Vorurteile miteinander auskommen. Eine seltene Erfahrung. Das ist der Grund, warum ich meinen Freund bat, das Geheimnis dieser intakten Gemeinschaft zu erklären.

Will Kauffmann schreibt dazu in der ihm eigenen Sprache:

„Am ersten Tag des Fiesta-Spektakels, so etablierte sich vor Jahren der Brauch, bereiten die „Ausländer", es sind meist vier Deutsche und eine Engländerin, in konzertierter Aktion der ganzen Gemeinde ein landestypisches Abendessen. Einmal drehten wir auf Son Bauló achthundertfünfzig Kohlrouladen, ein anderes Mal wurden allen Dorfbewohnern dieselben Portionen von Linsen und Spätzle mit Saitenwürsten serviert. Wochenlang bieten Fragen und Beurteilung über das fremde Essen liebenswerten Gesprächsstoff mit den „Einheimischen". Rezepte werden ausgetauscht und geografische Merkmale der Herkunftsregion dargestellt. Man bleibt sich nicht fremd, kennt jedes Gesicht, und jeder weiß, wo der andere hingehört. Gemeinsames schafft Zugehörigkeit. Als ich Weichnachten

1984 unter manchen Schwierigkeiten eingezogen war, die sich aus der Bausubstanz meiner Finca Son Bauló ergaben, lernte ich die uneigennützige und überwältigende Hilfsbereitschaft der Dorfbewohner gleich kennen. Elektroschaden und Wassereinbruch wurden ohne viel Aufhebens und mit minimalem Aufwand beseitigt.

Später unterstützten die Hauswirtschaft zwei Frauen aus dem Dorf. Die Art und Weise des Vorgehens war ebenso gewöhnungsbedürftig wie verwunderlich. Hin und wieder glich am Vormittag die große Wohnküche nach dem Wischen einem Hallenbad, die letzten Pfützen trockneten meist aber gegen Abend aus. Pinsel und Farbe gehörten zu den täglichen Reinigungsutensilien, denn gegen Wandflecken oder Putzbröselstellen wurde sofort vorgegangen. Ein anderes Mal waren ohne Vorwarnung die Holz-Persianas ausgehängt, auf Böcke gelegt und mit einer Mischung aus Altöl und Diesel gestrichen. Genau so, wie es seit vielen Jahrzehnten der eigene Haushalt erforderte, arbeiteten die treuen Seelen auf Son Bauló über 15 Jahre. Und wenn beispielsweise für Flickwäsche keine Zeit mehr war, reparierten sie diese zu Hause, freilich ohne die Arbeitszeit dafür abzurechnen. Schon aus meiner Kindheit auf der Schwäbischen Alb kannte ich die Empfehlung, Handwerker müssen möglichst aus der eigenen Gemeinde, besser noch, aus der Nachbarschaft sein. Mit welchen Gedanken wollte man sonst schon im täglichen Leben einander in die Augen schauen?

Viele der handwerklichen Arbeiten konnte ich in bester Qualität im Dorf ausführen lassen. Andrés, der Schmied, ging mit dem Eisen genauso perfekt um, wie der Bäcker mit seiner hochlobenswerten Ensaimada. Nur rechnen oder kalkulieren war ihm ein Dorn im Auge. Das Eisen-Werkstück wurde kurzerhand gewogen und per Kilo berechnet, gleich wie viel Schweißnähte nötig oder Gewindebohrungen geschnitten worden waren. Ein sicherer Modus, beherrschbar bei jedem Bierkonsum des handwerkenden Rechners. Mir selbst, als

gelerntem Maschinenbauer, erschien sein perfektes Schweißen und Schmieden ein Tribut an Loki, den Feuergott.
Zugehörigkeiten werden sehr ernst genommen. So wurde bei der Lizenzvergabe meines Agrotourismo-Betriebes Bürgermeister und Gemeindevertreter nicht nur einmal von übergeordneter Behörde um Stellungnahme gebeten. Ein gutes, wertvolles Gefühl, solche Fürsprecher zu haben!
Kurze Zeit später rief mich ein weitläufiger Bekannter aus meiner früheren Zunft der deutschen Werbeszene an und fragte mich, wie denn das mit dem Genehmigungsverfahren vonstatten gegangen sei? Ich müsste doch sehr gute Beziehungen haben, die er eventuell nutzen und vielleicht mit ein paar Scheinen unterm Tisch vertiefen könne. Seine Lizenz ließe seit Jahren auf sich warten. Tatsächlich fühlte ich mich zu bieder, eine schlüssige, eindeutige Antwort zu geben. Schmieren? Wen, wofür, wann, wo, wie viel? Dafür kam ich mir zu klein vor, und meiner Meinung nach beginnt Korruption, wenn überhaupt, an anderen Stellen und mit anderen Summen, als jene, die mir zur Verfügung standen. Meine Empfehlung war schlicht und einfach, so wie ich selbst vorging: Achtung und Bescheidenheit zeigen, Antrag stellen, Bürgermeister fragen, nichts ohne Baugenehmigung hinmogeln, Handwerker aus dem Dorf einbeziehen und so gut wie möglich den genannten Bestimmungen ohne streitbare Diskussionen nachkommen. Nichterfüllbare Auflagen wurden gemeinsam behandelt und einvernehmlich gelöst.
Die Frage über sein Verhältnis zu dem zuständigen Bürgermeister und dem Gemeinderat brachte Licht ins Dunkel: Der gerichtliche Streit mit seinem Nachbarn, dem Bruder des Bürgermeisters, wegen Missverständnissen an der Grundstücksgrenze („meine Mauer – deine Mauer"), erübrigte jede weitere Unterhaltung. Über den späteren Verlauf der Angelegenheit, sie liegt schon einige Jahre zurück, ist mir bis heute nichts bekannt.

Ich habe gelernt, dass man, wenn man sensibel mit dem Mallorquinern umgeht und sich ihrer Mentalität anpasst, die gewiss nicht immer der deutschen entspricht, ein Zusammenleben im Sinn des Wortes erreichen kann. Inzwischen wird Son Bauló in Lloret de Vistalegre die Kulturfinca Mallorcas genannt. Wir veranstalten in jahrelanger Tradition Konzerte, Theater, Lesungen, Seminare über Philosophie, Dialektik und Unternehmenskultur, Archäologie, Fotografie, Steinbildhauen, Bronzegießen, Yoga oder gesellige Kochkurse und Weinseminare. Künstler zum Anfassen – große Namen vor kleinem Publikum, das ist die Devise. Unser kleines Landhotel mit seinen Tieren und dem großen Biogarten liegt mitten in einem kleinen Paradies in guter Gesellschaft: eine niveauvolle Plattform für Genießer, Denker und Protagonisten aus Kunst, Kultur, Wirtschaft und Wissenschft.

Wie man in den Wald ruft ...

Das Schicksal von Fred und Bärbel, aber auch von Will Kauffmann zeigt, dass die mallorquinische Bevölkerung durchaus hilfsbereit und auch fremdenfreundlich sein kann. Es kommt fast immer darauf an, wie man den Menschen auf der Insel begegnet. Für eingewanderte Schaumschläger ist Mallorca ganz gewiss nicht das richtige Pflaster. Viele Deutsche hauen hier bei ihrer Ankunft fürchterlich auf den Putz, unwissend, dass sich besonders die Landbevölkerung der Insel davon nicht beeindrucken lässt. Sehr schnell hat man die Neuankömmlinge durchschaut und weiß, dass besonders diejenigen, die am meisten angeben, am wenigsten in der Tasche haben und mit Vorsicht zu genießen sind.

Mallorquiner sind nach außen meistens bescheiden und zurückhaltend und zeigen fast nie, wer und was sie sind und besitzen. Auch wenn ihre Hausfassaden in den meisten Orten im Inselinneren oft einen eher bescheidenen Eindruck machen, so sagt das noch gar nichts aus. Wer die Möglichkeit hat, das gediegene Ambiente im Inneren der Häuser zu sehen, ist dann oft sehr überrascht.

„Die meisten Deutschen ziehen einen hohen Zaun um ihre Finca, und wenn sie dann auf die Straße kommen, können Sie unsere Sprache nicht", ist ein Argument, das man von den Einheimischen immer wieder hört, wenn sie ihre neuen Nachbarn ablehnen. Ohne zumindest Spanisch zu sprechen und sich der Lebensart der Bevölkerung anzupassen, ist eine Integration auf Mallorca nahezu unmöglich. Kleinkriminelle, Alkoholiker, Flüchtlinge vor Alimenten und Steuerschulden können deshalb auf Mallorca am besten in touristischen Zonen untertauchen. Dort besteht dann an der Biertheke die Möglichkeit, Landsleute in Ferienlaune für ein paar Runden Gratisbier mit Inselkenntnissen und vermeintlichem Insiderwissen zu beeindrucken.

Der König der Doggerbank

Was ich und Mallorca mit dem „Königreich Doggerbank" zu tun haben? Das ist eine besonders heiße Geschichte. Begonnen hat alles vor rund 30 Jahren in Berlin. Dort lernte ich den Spross einer namhaften deutschen Fleischerdynastie kennen. Seine damaligen geschäftlichen Aktivitäten bestanden darin, für die Bundesvorratsstelle Dauerkonserven aus überschüssigen Rinderschlachtungen herzustellen. Das alleine war noch kein großes Geschäft. Seinen Netto-Gewinn macht er, indem er die Edelstücke wie Roastbeef und Filet abzweigte und separat ohne Rechnung an Berliner Restaurants verkaufte. Damit das Endgewicht der Konserven stimmte, wurde die Lieferung mit billigem Fleisch aufgefüllt. Selbst Fachleute und Labors konnten dann nicht mehr nachweisen, dass in den Konserven die Edelstück fehlten. Mit solchen kleinen Gaunereien waren allerdings in Berlin keine Reichtümer zu verdienen. Hermann Süssmann (Name aus rechtlichen Gründen geändert) hatte von Deutschland die Nase voll und wollte nun, ganz seriös, auf Mallorca ein neues Leben beginnen. Seine Ehefrau Elfriede, eine fesche Schweizerin, wurde Teilhaberin in einer meiner Filialen an der Platja de Palma.

Er war für mein Geschäft nicht tauglich und entdeckte andere Möglichkeiten, zu Geld zu kommen. In der Publikation „Kurz-Brief", herausgegeben von „Meister Kurz", wie sich der Tausendsassa nannte, wurden damals alle möglichen Tricks und dubiosen Offerten veröffentlicht, unter anderem: Wie gründe ich ein Bankhaus mit klangvollem Namen auf den Antillen? Wie bekomme ich dafür eine Bankbestätigung über Millionen US-Dollar? Wo bekomme ich einen gekauften Doktor- oder Professorentitel her? Wo erhalte ich gegen Bezahlung einen Konsul- oder Adelstitel?

So etwas gefiel Hermann sehr. Schon nach kurzer Zeit ging er an die Umsetzung der dort gewonnenen Erkenntnisse. Bald nannte er sich Professor Dr. Süssmann, und auch sein früheres Umfeld, überwiegend Freunde aus Berlin, wurden gegen entsprechende Honorierung reichlich mit diesen Ehrentiteln ausgestattet.

In einer Ladengalerie in El Arenal wurden zunächst die Insignien des Internationalen Bankhauses und später auch ein Schild mit „Universität Süssmann" angebracht. Mit der Bank wollte er Gelder einsammeln, und in der Universität sollten – gegen Bares à la Konsul Weyer – Professorentitel verkauft werden. Als die spanischen Behörden gegen seine Aktivitäten vorgingen, musste er den Laden schnell dichtmachen und sich neue Möglichkeiten erschließen. In Schweden lebte in dieser Zeit ein Deutscher, der ihm den Posten eines Ministerpräsidenten für 65.000 Mark anbot. Süssmann machte von dem „Schnäppchen" sofort Gebrauch. Und war fortan seine Exzellenz, der Herr Ministerpräsident. Die Sache hatte nur einen kleinen Schönheitsfehler: Sein Staatsgebiet lag an der höchsten Stelle 13 Meter unter dem Meeresspiegel der Nordsee.

Die Hintergründe dafür sind etwas kompliziert: Begonnen hatte alles mit den niederländischen Piratensendern, die außerhalb der Fünf-Meilen-Zone von ihren Schiffen aus Werbung sendeten. Auch der Brite Paddy Roy Bates gehörte dazu. Als man ihm auf die Pelle rückte, annektierte er 1967 kurzerhand eine leerstehende Flakinsel knapp zehn Kilometer vor der Küste von Suffolk (England) und rief daraufhin das Fürstentum Sealand aus. Auch wenn sein Staatsgebiet nur 47 mal 13 Meter groß ist, so gibt es dennoch eine Regierung mit Fürst, Ministerpräsident, Diplomaten mit eigenen Pässen, eigene Briefmarken und sogar eine Exilregierung in Deutschland.

Was der Brite Roy Bates kann, das kann ich auch, dachte sich der Deutsche und erklärte sich fortan zum Fürst der Doggerbank und begann damit, Pässe und Titel seines Hoheitsgebietes zu verkaufen. So wurde Süssmann der Ministerpräsident der Doggerbank. Dass sein Staatsgebiet ein Unterwasserreich war, störte ihn nicht sonderlich. Es bestünde ja die Möglichkeit, diese Untiefe in der Nordsee eines Tages mit Schrott und alten Schiffen aufzuschütten, war seine Meinung.

Die Doggerbank liegt im Herzen der Nordsee und ist eine geschichtsträchtige Sandbank, bekannt durch den „Doggerbank-Zwischenfall" vom 24. Januar 1915, ein Seegefecht im Ersten Weltkrieg zwischen der deutschen kaiserlichen Marine und der britischen Royal Navy.

Süssmann nahm seine Aufgabe als Ministerpräsident sehr ernst und stürzte sich sofort in seine neuen Aufgaben. Er ließ Reisepässe und Briefmarken drucken und für sich selbst und seine künftigen Minister rote Diplomaten-Pässe mit goldenem Eindruck. Lothar, ein deutscher Diplomkaufmann, wurde der Außenminister der Doggerbank. Er kam nach Mallorca und kaufte sich eine Finca in der Nähe von Arenal, die er später an den Bierkönig Manfred Meisel weiterverkaufte. Die wurde dann zum Schauplatz von dessen Hinrichtung.

Ganz stolz zeigten mir die Doggerbänkler ihre frisch gedruckten roten, mit goldenen Lettern geschmückten Diplomaten-Pässe und machten sich, zwecks Anerkennung ihres Staatsgebietes, auf die Reise zur UNO nach New York. Von spanischer und deutscher Seite aus konnten sie die Passkontrolle passieren, nur die Grenzbehörde in New York hatte an den Diplomatenpässen etwas auszusetzen. Den Besitzern wurde die Einreise verweigert. Unverrichteter Dinge kamen die beiden wenige Tage später wieder auf Mallorca an.

Staatsgäste bei Bokassa

Jetzt hatten sie nur ein Ziel: Das Staatsgebiet der Doggerbank musste unter allen Umständen eine internationale Anerkennung finden, aber wie? Da ergab es sich, dass der Diktator Bokassa aus Zentralafrika Hochzeit feierte. Was versteht dieser Negerfürst schon von der Welt?, dachten sich die beiden, und sie ließen sich über fragwürdige Beziehungen als Staatsgäste einladen. Bokassa seinerseits war für jede internationale Anerkennung dankbar, auch wenn sie aus einem Unterwasserreich kam.

Als ich die beiden Minister traf, waren sie schon reisefertig. In ihren blauen Gala-Uniformen mit Goldtressen machten sie mächtig Eindruck, und bei ihrem Anblick musste ich an den Hauptmann von Köpenick denken. „Habt ihr euch das mit der Reise zu Bokassa auch gut überlegt?", gab ich zu bedenken. „Nach meinem Wissen ist der doch auch als Menschenfresser bekannt, und ich weiß nicht, was der mit euch macht, wenn er erfährt, dass ihr ihn verarscht habt." Nach reiflicher Überlegung wurde der Staatsbesuch in Afrika schließlich abgesagt.

Die Leidtragende der Spinnereien von Süssmann war seine Familie. Seine Frau Elfriede, die wie ein Pferd schuftete, konnte das Geld nicht so schnell verdienen, wie es ihr Ehemann wieder ausgab. Auch meine Firmenkasse wurde hin und wieder zur Finanzierung in Mitleidenschaft gezogen, sodass auch ich Süssmanns Hobbys, wenn auch ungewollt, mitfinanzieren musste.

Als ich mich geschäftlich von der Familie Süssmann trennte, verließen sie die Insel wieder. Angeblich kam Süssmann später wegen weiterer krummer Dinger, die er drehte, zuerst in den Knast und später in die Klapsmühle. Jetzt wird die Doggerbank von Greenpeace beschützt.

Als im Zuge der Einigungsverträge die Mehrwertsteuer in Spanien, IVA genannt, eingeführt wurde, sagte mir ein Einheimischer, die EU habe Mallorca diese Steuer aufgezwungen, und nun würden die Einheimischen zeigen, wie man mit der Zwangsbeglückung umgehe. Bei kleinen bis mittleren Unternehmen ist es heute noch üblich, beim Bezahlen oder bei der Rechnungserstellung zu fragen, ob man auf die Mehrwertsteuer nicht verzichten oder sie zumindest halbieren kann. Viele Geschäfte gestalten den Zahlungsbeleg so, dass aus ihm nicht die Firma des Verkäufers hervorgeht. Das heißt, der Geschäftsmann hat die Mehrwertsteuer zwar kassiert, aber nicht für den Staat, sondern für seine eigene Tasche.

„Bin Laden" auf Mallorca

Bei den Steuern trickst jeder, so gut er kann. Das unsaubere Geld – vermutlich auch die Millionen-Erlöse aus Drogengeschäften – wird dann meistens in Grundstücke und Immobilien investiert. Bei den hiesigen Notaren ist es gang und gäbe, dass meistens nur die Hälfte der Kaufsummen der Transaktionen offiziell deklariert wird und die andere in bar und schwarz fließt. Jeder weiß es, doch niemand stört sich daran. In vielen Firmen existieren zwei Buchhaltungen, eine echte und eine für das Finanzamt.

Nicht nur bei den Mallorquinern und den Spaniern läuft das so, sondern auch bei vielen Deutschen und Briten auf Mallorca. Das ist die beste und am meisten angewandte Art, große

Summen von Schwarzgeld unterzubringen.

Deutsche, die mit Schwarzgeld bezahlen, müssen vorsichtig sein, denn seit dem 1. Juli 2005 meldet das spanische Finanzamt alle Transaktionen deutscher Staatsbürger an ihre deutschen Kollegen. Bezahlt wird deshalb meistens mit „Bin Ladens", so nennt man auf Mallorca in einschlägigen Kreisen 500-Euro-Scheine. „Jeder weiß, dass es sie gibt, aber kaum einer hat sie jemals gesehen." Angeblich gibt es die meisten „Bin Ladens" in der gesamten EU auf Mallorca. In Festland-Spanien sind davon etwa Scheine im Wert von 100 Millionen unterwegs, auf Mallorca nach Schätzungen von Insidern Scheine für rund vier Milliarden, ein Viertel aller in der EU gedruckten Noten. Wenn es beim Bezahlen oft um Millionenbeträge in Schwarzgeld geht, wären kleinere Scheine dafür vollkommen ungeeignet.

Steuerbetrug gilt bei vielen in Mallorca als Kavaliersdelikt. Ein Kollege, der mehrere Gastro-Unternehmen hat, macht das so: Alle seine Betriebe sind mit dem gleichen Registrierkassentyp ausgestattet, und das Personal boniert zunächst auch normal. Tags darauf sitzt seine Frau in einer dunklen Ecke seiner Wohnung und tippt auf dem gleichen Kassenmodell für alle Betriebe neue Kassenrollen für das Finanzamt. Die arme Frau verbringt damit die meiste Zeit ihres Lebens.

Aber nicht nur bei den Unternehmern gibt es schwarze Kassen, die sind auch bei den Behörden und Staatsbetrieben üblich. So berichtet die Mallorca Zeitung 19/2006: „Schwarze Kassen gibt es auch bei Spaniens Vorzeige-Universität in Madrid in Millionenhöhe."

Chaos im Steuerwesen

Da war es doch zur Franco-Zeit viel einfacher, als man in Spanien das System der Pauschalsteuer betrieb. Das funktionierte so: Madrid hatte einen Bedarf von X Peseten. Das Paket wurde unter allen Provinzen aufgeteilt. Von den Balearen wollte man, nach einem bestimmten Schlüssel, den Betrag Y haben. Palma schnürte dann das Paket auf und verteilte es unter die einzelnen Berufs- und Geschäftsgruppen und diese wiederum auf die einzelnen Firmen. Die eingesammelten Beträge überwies man nach Madrid und hatte dann seine Ruhe. Dieses System hatte den Vorteil, dass Finanzämter noch nicht einmal ein Zehntel des heutigen Personalbedarfs hatten. Und wenn man als Unternehmer seinen Anteil bezahlt hatte, war man frei und niemand stellte weitere Fragen.

Nur die S. A., also die spanische Aktiengesellschaft, war verpflichtet, verschiedene Firmenbücher zu führen. Das Ausfüllen übernahm ein Schönschreib-Spezialist, der aber von Buchführung keine Ahnung haben musste. Alles, was in diesen Geschäftsbüchern stand, waren ohnehin nur Märchen, die keinen Bezug zur Realität hatten, aber sehr schön geschrieben waren. Der Übergang von Francos Steuersystem zu einem Steuersystem nach deutschem Muster war eine schwere Geburt.

Als die Finanzämter praktisch über Nacht eine reelle Buchhaltung verlangten, waren die Zustände katastrophal. Der Beruf des Steuerberaters war bis dahin in Spanien so gut wie unbekannt. Wer sollte jetzt diesen Job machen?

Zuerst waren es kleine, glücklose Rechtsanwälte, die sich anpriesen. Mit denen machte ich nur schlechte Erfahrungen. Fast alle, die für meine Firmen arbeiteten, waren als Steuerberater vollkommen unfähig und kooperierten hinter meinem Rücken mit dem Finanzamt. Von dem Geld, welches die Behörde dann kassierte, erhielten sie angeblich sogar Prozente.

Auf dem Finanzamt ging es damals zu, wie auf einem orientalischen Basar. „Wenn du meinen Kunden X laufen lässt, dann liefere ich dir den Y ans Messer." Wen von den beiden man dann laufen ließ und wer anständig gerupft wurde, das kann man sich leicht vorstellen: selten Einheimische, fast immer die Ausländer. Ich bin kein Türlauscher, habe aber mitbekommen, wie mein Steuerberater – kaum dass ich den Raum verlassen hatte – den Hörer in die Hand nahm und dem Finanzbeamten alles brühwarm mitteilte, was er vorher von mir erfahren hatte. Da die Buchhaltung bei allen Unternehmen, gewollt oder ungewollt, durch das Fehlen von professionellen Steuerberatern meistens nicht perfekt war, hatte das Finanzamt immer leichtes Spiel. Das war ein gefundenes Fressen für die Ämter und alle Finanzbeamten auf Mallorca. Wenn eine Prüfung erfolgte, hatte keiner von ihnen Lust, die Bücher oder Belege zu prüfen. Der Unternehmer wurde in das Finanzamt zitiert, und man ließ ihn ohne lange Vorrede wissen, dass er den Betrag X zu zahlen hätte. Nach welchen Kriterien dieser Betrag zustande kam, blieb das Geheimnis des Steuerbeamten. Wahrscheinlich hatte der Steuerberater die Finanzbeamten darüber informiert, wieviel bei seinem Klienten zu holen sei, und ausgehandelt, wieviel Provision es gab und welchen seiner Kunden sie besser laufen lassen sollten.

Krieg mit dem Fiskus

Alles deutet darauf hin, dass es auch bei meiner Steuerprüfung so abgelaufen sein könnte. Als ich mit meinem damaligen Steuerberater bei dem Steuerprüfer erschien, begann man auch gleich ohne große Umstände mit dem üblichen Kuhhandel. „Wenn Sie einverstanden sind und uns den Betrag X bezahlen, dann lassen wir Sie wieder für eine Zeit in Ruhe", sagte der zuständige Steuerbeamte.
Normalerweise beginnt an dieser Stelle das orientalische Feilschen, das sich manchmal über mehrere Besuche und wochenlang hinziehen kann.
Da meine Buchhaltung ordentlich und wasserdicht war und es bei meinen Betrieben nicht üblich ist, Steuern zu hinterziehen, fand ich die enorme Summe, die er von mir forderte, völlig unangemessen. So war ich nicht bereit, den Handel einzuge-

hen. Ich entgegnete ihm: „Wenn Sie glauben, bei mir etwas holen zu können, dann wird Ihnen wohl nichts anderes übrig bleiben, als meine Buchhaltung, die Belege und Firmen-Bücher bei mir vor Ort auf ihre Richtigkeit zu überprüfen." Der Finanzbeamte verlor sichtlich die Fassung; so etwas hatte er in seinem ganzen Leben noch von keinem ins Finanzamt zitierten Steuersünder gehört und schon gar nicht von einem Ausländer auf Mallorca.

Auch mein Steuerberater hatte sich das so nicht vorgestellt. Beim Hinausgehen sagte er mir, dass es doch künftig besser sei, wenn er auf mallorquinische Art die Verhandlungen von nun an alleine ohne mein Beisein weiterführen werde.

Dass mich meine mallorquinischen Vertreter und Rechtsanwälte bitten, ohne mein Beisein gerichtliche Termine und behördliche Verhandlungen wahrzunehmen, war für mich nichts Neues, und das ist auch noch heute so. Leider habe ich mit der Befolgung dieses Ratschlages wenig gute Erfahrungen gemacht.

Nach meinem Auftritt wollte man diesem „Cap quadrat" (Quadratschädel, ein mallorquinisches Schimpfwort für Deutsche) richtig die Hammelbeine langziehen. Dazu wurde gleich ein halbes Dutzend verschiedener Firmen meines Unternehmens in die Mangel genommen. Als Geschäftsführer der Gesellschaften nahm man mich für alle Firmen in die persönliche Haftung. Das ist in Spanien so üblich. Mein Steuerberater ließ sich für die Verhandlungen mit dem Finanzamt von mir die entsprechenden Vertretungs-Vollmachten unterschreiben, was ich arglos tat.

Die Sache zog sich dann über ein Jahr hin. Meine Buchhalter erkundigten sich laufend nach dem aktuellen Stand der Dinge. „Die sind noch am Verhandeln", lautete immer die gleiche Antwort, ohne mir etwas Konkretes sagen zu können. Dann schlug mir die Steuerbehörde eines Tages einen Kuhhandel vor: „Wenn du diese zwei „Actas" (das sind Steuerprüfungsbescheide) unterschreibst, dann können wir die Sache abschließen." Die Steuerschuld, die ich akzeptieren sollte, war frei erfunden und entsprach in ihrer immensen Höhe in keiner Weise dem realen Steueraufkommen.

„Wenn du das unterschreibst, dann sind wir aus allem raus", empfahl mir auch der Steuerberater. „Wieso soll ich eine Steuerschuld anerkennen, die es gar nicht gibt?", wollte ich wissen. „Ganz einfach, bei den beiden Gesellschaften gibt es nichts zu holen, und der Finanzbeamte will bei seinen Vorgesetzten nicht sein Gesicht verlieren."

Bei unserem nächsten, gleichzeitig letzten Treffen im Finanzamt drohte mir der Beamte unverhohlen, wenn ich die vorbereiteten Abschlussdokumente nicht unterschreiben würde, dann würde er mich erst mal richtig rannehmen.

Vom Steuerberater ans Messer geliefert

Sollte ich den beiden Mallorquinern trauen, oder wollten sie mich reinlegen? Da ich als Geschäftsführer und Präsident von Aktiengesellschaften persönlich haften musste, war ich skeptisch. Ob das falsch oder richtig war, kann ich im Nachhinein nicht beurteilen. Ich entschied mich, auf den riskanten Kuhhandel nicht einzugehen. Einige Zeit später fand ich in meinem Briefkasten Post vom Finanzamt. Mir riss es fast den Boden unter den Füßen weg, als ich erkannte, dass ich eine Pfändung von umgerechnet rund zwei Millionen Mark in meinen Händen hielt. Eine Möglichkeit zum Einspruch wurde mir nicht gegeben, da alle Fristen bereits verstrichen seien. Das Finanzamt hatte meine Villa in Son Vida und mein Fabrikgebäude im Industriegebiet von Palma gepfändet. Ein schwerer Schock. Sollte ich mich jetzt entkleiden, nackt vors Finanzamt stellen und die Presse rufen, um Fotos zu machen? Ich war außer mir mit vor Wut, Ohnmacht und Verzweiflung. Nächtelang konnte ich nicht mehr schlafen, denn dieser Betrag war auch für mich kein Pappenstil.

So eine üble Schweinerei von dem mallorquinischen Steuerberater! Nach unserem letzten Besuch beim Finanzamt hatte er mich nicht ein einziges Mal über den Stand der Dinge informiert. Der Gipfel der Unverschämtheit bestand darin, dass er mich dem Finanzamt ans Messer geliefert hatte und die Unverfrorenheit besaß, mir dafür noch eine gepfefferte Rechnung zu stellen. Wie konnte das passieren?

Dieser Mann, dem ich vertraute, hatte meine Vertretungs-Vollmachten dazu missbraucht, um ohne mein Wissen und ohne meine Zustimmung mit dem Finanzbeamten eine vermeintliche Millionen-Steuerschuld auszuhandeln, und diese ohne Rücksprache mit mir anerkannt. Nicht nur, dass er mich mit der Vollmacht gelinkt hatte; er hatte es auch absichtlich unterlassen, mich darauf hinzuweisen, dass die Einspruchsfristen abliefen und ich dadurch zunächst rechtlos wurde. Mit der Pfändungs-Verfügung wurde ich vor vollendende Tatsachen gestellt, mit dem Ziel, mich endgültig richtig fertigzumachen. Dass er damit gegen alle üblichen Pflichten seines Standes verstieß, beschämt ihn bis heute überhaupt nicht.

Was die Konkurrenz mit ihren unzähligen Anzeigen, für die ich mit Millionen Peseten bluten musste, nicht geschafft hatte, das schien dem Finanzbeamten gelungen zu sein. Das Finanzamt war auf dem besten Weg, meine Villa in Son Vida und meine Fabrik zu kassieren.

Erst nachdem ich in der Lage war, aus Deutschland eine Bankbürgschaft in gleicher Höhe zu Gunsten des Finanzamtes zu erbringen, konnte ich die Sache wieder neu aufrollen. Die Pfändung bestand insgesamt aus drei verschiedenen „Actas". Die Revision zog sich einige Jahre hin, und ich konnte die oberste Finanzgerichtsbehörde auf Mallorca von meiner Unschuld überzeugen. Auch davon, dass die Höhe des Steuerbescheids ein reiner Willkürakt gegen mich gewesen war.

Die Oberfinanzbehörde hat dann einen Fall nach dem anderen zu meinen Gunsten entschieden und stellte die Korrektheit

meiner Steuerunterlagen fest. Inzwischen hat man, angeblich mit Hilfe von deutschen Steuerbeamten, ein Steuersystem aufgebaut, das in etwa dem der deutschen Finanzbehörden gleichkommt.
Mein Interesse, auf Mallorca als deutscher Unternehmer weiterzuarbeiten, schwand in der Folgezeit merklich. Heute denke ich oft, ob es nicht besser gewesen wäre, wenn ich damals in meiner Heimat Deutschland geblieben wäre. So nach und nach werde ich meine verschiedenen Firmen meinen auf Mallorca lebenden erwachsenen Kindern überschreiben, die sich als Mallorquiner fühlen, in der Hoffnung, dass sie es im Umgang mit den mallorquinischen Behörden einmal leichter haben werden.

Eine Krähe hackt der anderen kein Auge aus

„Kannst du mir nicht einen guten Rechtsanwalt auf Malle besorgen?", fragte mich ein Freund aus Deutschland. „Es kommt darauf an, um was es geht", entgegnete ich ihm. „Es geht um einen Grundstückskauf. Mein Anwalt hat mich falsch beraten, das kostet mich jetzt ein Vermögen, und ich möchte ihn verklagen", antwortete der Freund. Was für ein Träumer! Auf Mallorca einen mallorquinischen Rechtanwalt zu verklagen, das schafft niemand. Das weiß ich aus eigener Erfahrung. In einem ähnlichen Fall, bei dem ich vorhatte, den Rechtsanwalt zu verklagen, habe ich tagelang in Palma alle möglichen Rechtsanwaltkanzleien abgeklappert und bekam nur Absagen. Nie und nimmer wird ein mallorquinischer Rechtsanwalt seinen Kollegen vor den Kadi zerren, und schon gar nicht für einen Ausländer. Da gibt es nur einen Ausweg: eine sehr gute Kanzlei in Madrid oder Barcelona zu suchen. Ob die sich aber dann bei den mallorquinischen Gerichten durchsetzen kann, ist fraglich. Ich habe einen befreundeten Rechtsanwalt in Madrid. Immer: wenn er auf Mallorca einen Fall zu vertreten hatte, war er danach so erregt, dass ich dachte, der bekommt jeden Moment einen Herzanfall. Seine Meinung über das mallorquinische Justizgeflecht möchte ich aus verständlichen Gründen nicht wiedergeben. Kürzlich hat er mich darüber informiert, dass sich die Zustände in der Zwischenzeit gebessert hätten. In der Tat läuft auf Mallorca durch das uns etwas fremde Rechtssystem nicht alles schlechter, aber vieles anders. Es kommt meiner Meinung nach immer darauf an, wer gegen wen vor Gericht antritt.

Professionelle Cliquenwirtschaft

Ein Mieter und Teilhaber in meinem Terrassen-Restaurant am großen Badestrand von Peguera hatte schon seit rund sechs Jahren weder seinen von mir vorgestreckten Anteil noch die Miete bezahlt. Der Prozess gegen ihn um die Außenstände bewegte sich nicht von der Stelle. In der Zwischenzeit schuldete er mir umgerechnet etwa eine Million Mark. Meine Geduld war am Ende. Immer wenn ich mich bei meinem Rechtsanwalt Jaime nach dem Stand der Dinge erkundigte, zuckte er mit den Achseln und war nicht in der Lage, mir etwas Genaueres zu sagen.

Erst als ich massiv damit drohte, ihm seine Dienste aufzukündigen und einen anderen Rechtsanwalt mit der Weiterführung des Prozesses zu beauftragen, kam wieder Bewegung in die Angelegenheit. Mit meinen knapp 20 verschiedenen Firmen auf Mallorca war ich ein wichtiger Kunde für ihn. „Horst, ich vermute, der Richter will Kohle sehen, bring mal drei Kilo (drei Millionen Peseten), und ich werde sehen, was sich machen lässt." Am nächsten Tag stellte ich ihm die gefüllte Plastiktüte auf seinen Schreibtisch. Nach drei Tagen bekam ich Nachricht: „Horst, du kannst deine Kohle wieder abholen. Ich nehme an, dein Pächter hat im Laufe der Jahre mehr bezahlt." Jetzt wurde mir klar, warum sich der Prozess über so viele Jahre hingezogen hatte.

Immerhin wurde die anhängige Privatklage jetzt bearbeitet: Die Mietaußenstände und der Preis für den Anteil des Betreibers wurden zwar nicht an mich bezahlt, ich bekam aber als Ersatzleistung das Lokal als alleiniger Besitzer zugesprochen. Damit war ich unter dem Strich mit einem blauen Auge davongekommen.

Überkommenes Rechtssystem

Damals zählte ich Jaime auch noch zu meinen mallorquinischen Freunden. Er war ein sehr einflussreicher und angesehener Rechtsanwalt in Palma. Von seiner Raffinesse und seiner mallorquinischen Denkweise hatte ich sehr viel gelernt und auch manchmal umsetzen können. Eines Tages sagte er dann zu mir: „Horst, jetzt agierst du schon wie ein richtiger Mallorquiner!" Das war das größte Lob, das ich jemals auf Mallorca erhalten habe, und darauf bin ich noch heute stolz. Unsere Zusammenarbeit dauerte immerhin Jahrzehnte.

Als er sich jedoch eines Tages bei einem Rechtsstreit zwischen mir und dem Bürgermeister einer Stadt auf Mallorca entscheiden musste, ging unsere Freundschaft in die Brüche. Was zählt schon ein deutscher Freund gegen die Beziehung zu einem mallorquinischen Amtsträger? Inzwischen habe ich sogar Verständnis für seine Haltung. Mallorca besteht aus einem Geflecht von Beziehungen. Recht und Gesetz werden dem allzu oft untergeordnet. Wer das als Zugereister nicht verstehen will, der kämpft gegen Windmühlen. Er kennt die einheimische Inselgesellschaft nicht. In vielen Jahrhunderten mit allen möglichen Eroberern und Eindringlingen entstand der innere gesellschaftliche Zusammenhalt. Auch wenn wir dessen Auswüchse aus unserer heutigen Sicht bemängeln, es war zu früheren Zeiten der Inselgeschichte eine sinnvolle Überlebensstrategie.

Ob diese heutzutage in einem freiheitlichen europäischen Verbund noch ihre Berechtigung hat, steht auf einem andern

Blatt. Wenn man einerseits am Tropf der EU-Kasse hängt, mit Milliarden-Beträgen unterstützt wird und dazu Millionen ausländische Touristen jährlich die Inselkassen füllen und somit wesentlich zum Wohlstand der heutigen Bevölkerung beitragen, dann wäre es im Gegenzug an der Zeit, den hier ansässigen Neu-Mallorquinern auch dieselben Rechte einzuräumen.
Dass dies trotz anders lautender Beteuerungen nicht so ist, kann man täglich feststellen. Es gibt genügend aus der Presse bekannte Fälle, in denen Touristen von der Polizei zusammengeschlagen oder ohne ersichtlichen Grund ins Gefängnis geworfen wurden. Mallorca hat die Vorteile und die Unterstützung der EU gerne angenommen, ist aber noch weit davon entfernt, auch die Pflichten aus den Einigungsverträgen umzusetzen.

Mein Freund, der Oberstaatsanwalt

„Horst, ich habe mich im Suff mit drei Polizisten angelegt und ordentlich ausgeteilt. Jetzt haben die mich wegen Körperverletzung und Widerstand gegen die Staatsgewalt angezeigt. In Kürze soll GerichtsTermin sein", sagte mir Gerd, ein bekannter deutscher Unternehmer auf Mallorca. „Ich habe neulich bei deinem Lachsessen deinen Freund, den Staatsanwalt Enrique, gesehen. Kannst du da was für mich machen?", fragte er mich. „Das weiß ich nicht", entgegnete ich ihm, „aber ich kann ja einmal ein Treffen mit dir und ihm organisieren, bei dem ich jedoch auf keinen Fall dabei sein möchte. Was du mit ihm zu bereden hast, ist deine Sache." Enrique war Oberstaatsanwalt in Palma. Wir trafen uns öfters in Arenal im Carrusel. Enrique war kein Kind von Traurigkeit. Da er vorhatte, sich von seiner Frau scheiden zu lassen, war er mehr in El Arenal unterwegs als zu Hause in Palma. Er trank gerne einen mit, und blonde Frauen hatten es ihm angetan.
Für einige VIP-Gäste stand immer ein Apartment im Haus Carrusel zur Verfügung – für den Fall, dass wieder mal einer

nicht daheim schlafen wollte. Das waren sowohl Deutsche als auch Einheimische. Als VIPs der Disco tranken sie umsonst und konnten sich auch eine Pulle Sekt mit aufs Zimmer nehmen.

Das alles war rein freundschaftlich und ohne jegliche Verpflichtung. Gute Kontakte müssen eben gepflegt werden. Wenn gewisse Ämter in einheimischen Nachtbetrieben ihre Feiern abhalten, gibt es meistens Sonderkonditionen. Ich kenne Geschäfts-Kollegen, bei denen es noch nie eine behördliche Inspektion gegeben hat und die somit Narrenfreiheit genießen. Hintergrund ist, dass viele Beamte und Angestellte von Behörden nicht genügend verdienen und als Zweitjob bei privaten Unternehmen als Lobbyisten fungieren und inoffiziell auf deren Lohnliste stehen.

„Enrique, ein Freund von mir möchte dich gerne zum Abendessen einladen." So machte ich ihn mit Gerd bekannt. Das Gespräch kam zustande, und Gerd kam glimpflich davon. Gesprochen aber habe ich mit beiden nie mehr darüber. Vielleicht mein erster Steckdosen-Deal, nach dem mallorquinischen Enchufe-Muster.

Enrique ist nun schon seit einigen Jahren pensioniert. Weil ich hin und wieder seine Dienste in Anspruch nehme, konnte schon so manche geschäftliche Streitigkeit mit anderen Parteien außergerichtlich geregelt werden. Das spart beiden Seiten Zeit und Ärger und entlastet die mallorquinischen Gerichte.

Enrique, nun schon über 70, ist auch privat etwas ruhiger geworden und hat sich das mit seiner Ehescheidung noch mal gut überlegt. Oft noch begegne ich den beiden gebrechlichen Weißhaarigen zufällig in Palma, und wir gehen dann zusammen Kaffee trinken. Von den alten Carrusel-Zeiten erzählen wir uns nur, wenn seine Frau nicht dabei ist und wir alleine sind.

„Vor einiger Zeit habe ich mir einen gebrauchten Mercedes gekauft. Aber wenn wir unsere Parteiversammlung haben, dann parke ich mein Auto immer weit weg, damit die anderen nicht mitbekommen, dass ich jetzt einen Daimler fahre", sagte mir einst ein hochrangiger mallorquinischer Politiker der Sozi-Partei. „Weißt du, die sind alle fürchterlich neidisch", fügte er hinzu.

Der Daimler als Hassobjekt

Neid ist auf Mallorca überall zu Hause. Seit meiner erfolgreichen Karriere in Deutschland fahre ich aus Gewohnheit Mercedes. So auch auf Mallorca bereits zu einer Zeit, als dort die meisten Autos noch Seats waren und die Einheimischen noch nicht wussten, was ein Mercedes ist und wie man Daimler schreibt. Dabei dachte ich mir nichts. Wichtig war nur, sich nicht darüber zu ärgern, wenn immer wieder der Stern abgerissen oder das Auto rundherum mit dem Schlüssel verkratzt wurde. Es ist mit auch schon passiert, dass alle vier Reifen auf einem Parkplatz plattgestochen wurden. Meine Erkenntnis: Als Neidgesellschaft stehen sich Deutsche und Mallorquiner in nichts nach.

Die nackte Wahrheit

Warum Deutsche nicht den besten Ruf auf der Insel haben? Die Antwort kann man in Arenal finden: Vollkommen nackte deutsche Touristen, Erwachsene, wühlen an einem sich mitten im Lokal befindlichen Tisch vor Hunderten gaffender Gäste nach ihren Kleidern und nach ihrer Unterwäsche. Welch ein Schauspiel, wohl einzigartig auf dieser Welt.
Nicht nur ansehnliche, nein, auch dicke, alte Frauen mit wenig ästhetischen Körpern und Männer mit fetten Bierbäuchen geben sich für diese Inszenierungen her. Helmut, der österreichische DJ, schon seit vielen Jahren auf Mallorca tätig, hat immer einen Heidenspaß, wenn er für einige Freibier zu vorge-

rückter Stunde seine Disco-Show abziehen kann. Eine billige Attraktion für eine bekannte Kult-Disco an der Playa de Palma, die keine Künstler-Gage kostet. Unter dem Beifall grölender, alkoholisierter Massen werden diejenigen prämiert, die die meiste Intimwäsche am bereitgestellten Tisch abliefern. Die Hinterlistigkeit besteht darin, dass die Nackten anschließend zum Wühltisch kommen, um sich aus einem Berg von Unterhemden, Büstenhaltern und Unterhosen wieder ihre Kleidungsstücke heraussuchen und dann vor dem amüsierten Publikum anziehen müssen. Oft bemerken die Beteiligten erst am nächsten Tag, dass sie eine fremde Unterhose erwischt haben.
Nicht nur von Pepe, dem mallorquinischen Besitzer der Lokalität, sondern auch von allen Einheimischen, die sich diese erniedrigenden, wenig ästhetischen Szenen schon mal angesehen haben, weiß ich, dass sie jede Achtung und jeden Respekt vor den Deutschen verloren haben, die hier Gäste sind.
Dazu kommen die Sauforgien am „Ballermann", wo sich tagaus, tagein Deutsche bis zur Bewusstlosigkeit mit Sangria aus Putzeimern und langen Strohhalmen zusaufen, die zum schlechten Ruf der Alemanes auf Mallorca beigetragen haben. Es ist undenkbar, dass sich Mallorquiner in Deutschland auf dieses Niveau herablassen würden. Die Touristen fahren nach ihren Auftritten wieder zurück und prahlen zu Hause am Biertisch von ihren einmaligen Mallorca-Erlebnissen. Wir, die deutschen Residenten, werden dann schon mal mit den Saufbrüdern über einen Kamm geschoren und haben die Folgen auszubaden. Die Einheimischen sagen: „Wenn man über ganz Arenal ein Dach ziehen würde, wäre das der größte Puff Europas."
Ein anderes, bei einigen Kegelclubs bekanntes Spielchen geht so: Gemeinsam sucht man eine dieser Rotlichtbuden auf, in denen auch Travestie-Künstler ihre „französischen Dienste" anbieten. Einem nichts ahnenden Kumpel wird der „Liebesdienst" spendiert. Die Kameraden, die zuschauen dürfen, heben dem Agierenden den Rock hoch und machen dann

Fotos, auf denen der Unterschied zu einer echten Frau deutlich sichtbar wird. Tags darauf zeigt man dem Opfer das eindeutige Foto. Der arme reingelegte Kerl sieht dann erst die Schande, dass die vermeintliche Frau ein Mann war. Nur durch das Bezahlen von vielen Runden an seine Kegelbrüder bekommt er dann die Möglichkeit, sein Foto zu vernichten. Noch zu Hause wird ihn das so manche Runde Pils kosten.

Der Traum vom Latin Lover

Nicht nur Männer, sondern auch viele Frauen lassen auf Mallorca die Sau raus und grabschen oft alles an, was nicht schnell genug auf die Bäume kommt. Meine Kellner konnten sich aussuchen, auf welche Damen sie Lust hatten, und waren am Saisonende so geschafft, dass sie sich auf eine geruhsame Zeit mit ihren Ehefrauen freuten. Große Schauspieler waren sie alle, auch wenn nicht jeder ein Adonis war. Wenn die eine verabschiedet wurde, wartete schon die nächste. „Ich dich kann leider nicht zum Flughafen bringen, ich dann immer vieeeeel weinen", lautet die beliebteste Abschiedsformel. Während er die „große Liebe" umarmt, zwinkert er schon seiner neuen Flamme über den Rücken der Verabschiedeten hinweg zu.

Einen echten Latin-Lover zu bekommen, muss offenbar für manche deutsche Frauen etwas ganz Besonderes sein, und viele von ihnen lassen alle Hemmungen fallen, um zum Ziel zu kommen. Da sieht man die gepflegte Geschäftsfrau mit dem fast zahnlosen und ungepflegten alten Bauhilfsarbeiter, den sie in Deutschland keines Blickes würdigen würde. Auf Mallorca jedoch heißt es für sie: „Hauptsache Spanier!" Meine mallorquinischen Freunde – einige von ihnen mittlerweile schon jenseits von Gut und Böse – lachen heute noch oft Tränen, wenn sie von ihren Erlebnissen aus jungen Jahren mit den deutschen Frauen erzählen, die sie mit ihren Sprüchen an der Nase herumgeführt haben.

Aber nicht nur in der Saison geht es rund. Das Reizklima von Mallorca bringt auch ältere Rentnerinnen, die vorzugsweise in der Winterzeit angereist kommen, in Fahrt. Mein Freund Peter, der lange Jahre Geschäftsführer in einem Hotel „Paradiso" an der Platja de Palma war, erzählte mir Folgendes: Eine ältere Dame beschwerte sich bei ihm, sie habe auch beim Kellner José bezahlt, aber nicht so lange anfassen dürfen wie die anderen. Da Peter zunächst nicht richtig verstand, was los war, fragte er nach. „Ja, Ihr feuriger Kellner José, der uns immer so nett bedient, hat uns angeboten, wir dürften alle mal sein bestes Stück anfassen, wenn wir dafür bezahlen würden. Und das haben wir gemacht. Obwohl wir alle gleich viel bezahlt haben, durften die anderen viel länger anfassen als ich." Dem gut gebauten Kellner José war das recht so, wenn es nur beim Anfassen blieb. Gerne ging er mit den „alten Trampolinen", wie er sie nannte, auf sein Zimmer und besserte sich so seinen nicht allzu üppigen Verdienst in der Winterzeit auf.

Frisches Geld aus Ostfriesland

1971 kaufte ich zusammen mit meinem Teilhaber Claus Christeinicke, einem Ex-Geschäftsführer der Gastronomie im Kaufhof Frankfurt und Vorsitzenden der Hotelfachschule in Heidelberg, meinen ersten großen Gastro-Betrieb am Strand von Peguera. Claus war ein knallharter Typ, wenn es um die Umsetzung und die Durchsetzung des Betriebs-Konzeptes ging.

Kennengelernt hatte ich ihn beim Kauf der Wurstfabrik Bock S. A. Er war auf Mallorca, um seinen Schulfreund aus der Hotelfachschule, Erich Becker, zu besuchen. In Peguera hatte ich gemeinsam mit meinem ersten Teilhaber Bernd Wasmus, einen Vorvertrag für den Kauf des Gastro-Objekts abgeschlos-

sen, das zunächst nur aus zwei Terrassen und einem Keller-Lokal mit Luftschacht und zwei Ladenlokalen bestand. Claus Christeinicke war für uns ein gastronomischer Vollprofi, und so boten wir ihm eine Teilhaberschaft an. Mein Freund Bernd konnte sich mit der Härte des möglichen neuen Teilhabers nicht anfreunden und verabschiedete sich aus dem Projekt mit den Worten: „Die Verhandlungen sind mir zu hart. Da fehlt nur noch, dass dabei auch noch ein Revolver auf dem Tisch liegt."
Mit dem Kauf des Gesamtobjektes Peguera waren meine aus Deutschland mitgebrachten Barmittel total aufgebraucht.

Nach einigen Tagen bot sich die Gelegenheit, auch die letzte sich anschließende Terrasse mit Meerblick zu kaufen. Um mich für den Zukauf zu begeistern, gab mir Claus ein Beispiel. „Das ist genau so wie bei Diamanten, zwei Halbkaräter sind weniger wert als ein Einkaräter, obwohl sie dasselbe Gewicht haben. Wenn wir also die letzte Terrasse auch noch dazukaufen, dann sind wir die Kings am Strand und brauchen keine direkte Konkurrenz mehr zu fürchten." Das war überzeugend, aber um mitzumachen, fehlte mir für die Anzahlung von rund 50.000 Mark. Die hatte ich nicht flüssig.

Nach reichlicher Überlegung besann ich mich auf meine Fähigkeit, als Vortragsredner schnelles Geld zu machen. Kurz entschlossen, packte ich meinen Koffer und flog mit der LTU nach Düsseldorf. Dort angekommen, kaufte ich mir für kleines Geld an einer Tankstelle ein älteres Daimler-Modell und fuhr Richtung Ostfriesland. Ich hatte mir vorgenommen, den benötigten Betrag für den Terrassen-Kauf dort zu verdienen. Bei kurzerhand inszenierten abendlichen Verkaufsvorträgen, zu denen auch viele Holländer, einige von ihnen in Holzschuhen, über die grüne Grenze kamen, brachte ich einige hundert Wärmedecken an Mann und Frau.

Nach vier Wochen flog ich mit einem Aktenkoffer voll mit Barem nach Mallorca zurück, und der Terrassenkauf konnte stattfinden. Mein kleiner Vortrags-Koffer, den ich für meine Vorführungen brauchte, stand noch viele Jahre in meiner Wohnung sicherheitshalber griffbereit, für den Fall, dass nochmals finanzieller Bedarf aus Alemania hätte gedeckt werden müssen.

Mañana und Mallorca

Claus war auch ein Lehrmeister für meine weitere kaufmännische und gastronomische Entwicklung auf Mallorca. „Verträge machen kommt von vertragen", war sein Grundsatz, und daran habe ich mich immer bei allen weiteren Teilhaberverträgen, von denen es in meinen über 35 Jahren Mallorca einige Dutzend gab, strikt gehalten. Deutliche, aber faire Vereinbarungen für beide Seiten, die dann auch von mir eingehalten wurden, waren die Grundlage für viele Geschäfte, bei denen es nicht ein einziges Mal zu einer gerichtlichen Auseinandersetzung kam. Auf meine Vertragstreue konnte man sich verlassen, das war bei meinen Geschäftspartnern nicht immer so. Wenn ich dann aber auf der Vertragserfüllung meiner Vertragspartner bestand, hieß es nachher, ich sei ein harter Hund.

Der erste Einbau des Strand-Kiosks am großen Badestrand von Peguera wurde von mir persönlich vorgenommen. Mit Schwartenbrettern, Hammer und Nägeln habe ich eigenhändig den Verkaufskiosk zusammengenagelt. Und beim späteren Einsatz von mallorquinischen Handwerkern, beim Aufbau meiner Filialen, bei denen ich immer persönlich die Bauleitung übernahm, hatte ich dann die Möglichkeit, so nach und nach auch Spanisch zu lernen. Der Deutsch sprechende Urmallorquiner Julio, mit dem ich auch noch heute freundschaftlich verbunden bin, wurde unser erster Personalchef und Dolmetscher, denn Spanisch sprechen konnte ich anfangs noch kein Wort. Allzu oft begann ich meine Anweisungen mit dem Satz: „Bei uns in Deutschland wird das aber so gemacht . . .", bis er mir erklärte: „Du bist aber nicht in Deutschland und niemand hat dich gerufen. Wenn wir in Deutschland wären, müssten wir das so machen, wie es dort üblich ist. Aber hier musst du dich nach unseren Regeln und Gebräuchen und Gesetzen richten, und dazu gehört auch unser Mañana." Ich hatte verstanden und musste mich entscheiden, entweder Mallorca so zu akzeptieren, wie es ist, oder zurück nach Deutschland zu gehen. Meine Entscheidung war klar, aber ich muss gestehen, dass es mir noch heute schwer fällt, die Haltung „Komme ich heute nicht, komm ich morgen" geschäftlich zu akzeptieren. Ein geschäftliches Problem für meine Firma ist auch immer noch die mallorquinische Zahlungsmoral. Bei unseren Großkunden ist die Bezahlung der Rechnungen nach drei Monaten normal. Da meine deutschen Lieferanten das auf keinen Fall akzeptieren, sondern oft sogar teilweise Vorkasse erwarten, komme ich mir mit meinem „Abels-Gastro-Service" immer mehr wie Kreditbank vor.

Wenn der Kalte Krieg heiß wird

Es war das Jahr 1975. Russische Atomraketen bedrohen Europa. Es herrschte „Kalter Krieg". Und eine zunehmende Unsicherheit über die zukünftige politische Entwicklung machte sich auch auf Mallorca breit. Sollte es zur Auseinandersetzung mit der Sowjetunion kommen und die Russen West-Europa überrennen, würden sie sicher auch vor der Mittelmeer-Insel nicht haltmachen. Das waren meine Überlegungen zu dieser Zeit. Mallorca musste ich der Familie wegen als Wohnsitz beibehalten. Trotzdem wollte ich mir und den meinen für den Fall der Fälle ein zweites Standbein schaffen. Diese Überlegungen beflügelten mein Vorhaben, im amerikanischen Sonnenstaat Florida zu investieren.

Bei der Regierung im Ferienland der Millionäre war ich bereits als potenter Investor, professioneller Metzgermeister und erfolgreicher Gastronom bekannt, und so wurde ich schon bei meiner Ankunft auf dem Miami International Airport von zwei

Staatsbeamten des Florida Gouvernment empfangen. „Hatten Sie einen guten Flug? Wenn Sie wollen, fliegen wir Sie jetzt mit unserer kleinen Regierungsmaschine nach Tampa zur Fleischfabrik ‚Ponderosa'. Nach dem Lunch haben wir einen Termin bei den Food-Managern von Disney-Land in Orlando, wir werden dort schon erwartet."

Es ging um Investitionen in Millionenhöhe und insbesondere darum, in Florida wieder einen größeren Fleischwaren-Betrieb anzusiedeln. Die 16.000 Quadratmeter große Fleischwarenfabrik der Steakhaus-Kette „Ponderosa" war die größte und einzige in Florida und stand zum Verkauf. Die Regierung des US-Bundesstaates sowie auch der Bürgermeister von Tampa waren sehr an der Wiedereröffnung und Weiterführung des Unternehmens interessiert. Ihnen ging es vor allem darum, in diesem Betrieb eine Möglichkeit zu haben, ständig 20 Veterinärpraktikanten auszubilden. Die Laboreinrichtung sollte gestellt werden. Für die Ausbildungsplätze bot man mir einen jährlichen Zuschuss von 60.000 Dollar pro Person an. Das wären schon mal jährlich vorab 1,2 Millionen Dollar Einnahmen gewesen.

Bei dem Termin in Disney-Land ging es um einen Auftrag von monatlich rund einer Million Würstchen. „Wir sind bereit, Ihnen den gleichen Preis wie der deutsch-amerikanischen Firma „Schaller und Weber" in New York zu bezahlen, wenn Sie in Tampa produzieren und uns die umständliche Disposition über New York ersparen. Denn der LKW-Container, den wir wöchentlich ordern, braucht immer etwa drei Tage, bis er bei uns ankommt." Mit diesem Auftrag ließen sich Millionengewinne machen, denn die Betriebskosten waren in Florida wesentlich niedriger und die Lohnkosten pro Stunde um zwei Dollar günstiger als in New York. „Wenn Sie als anerkannter deutscher Gastro-Profi in Tampa produzieren, geben wir Ihnen außerdem die Möglichkeit, die Bewirtschaftung der deutschen Gastronomie mit Marktplatz im Epcot-Center zu übernehmen, das wir in etwa sechs Monaten eröffnen", boten mir die Männer an. Eine Bockwurst sollte nach den Vorstellungen der Manager dort fünf Dollar, eine Maß Bier zehn und eine Schweinshaxe mit Sauerkraut 20 Dollar kosten. „Wir stehen zwar mit der deutschen Hotelkette Steigenberger und dem Wienerwald-Konzern in Verhandlungen, aber wenn Sie in Florida produzieren, würden wir Ihnen den Vorrang geben." An solche Möglichkeiten hatte ich, der deutsche Metzger, der einmal mit drei Mark Wochenlohn seine berufliche Laufbahn in Rasdorf an der Zonengrenze begonnen hatte, noch nicht einmal im Traum gedacht. Dass man mir den Vorzug vor dem Steigenberger- und dem Wienerwald-Konzern geben wollte, darauf war ich besonders stolz.

Den Managern der Ponderosa-Steakhauskette, damals mit etwa 1.000 Betrieben in den USA, machte ich den Vorschlag, anstatt der üblichen Hamburger meine Cevapcici auf den Grill zu legen. Dabei ging es für mich nur darum, das gleiche Hamburger-Hackfleisch statt in Scheiben in Röllchen zu formen, die dann mit Pommes und mit rohen Zwiebelringen serviert werden sollten. Die Manager waren von meiner Idee begeistert und boten mir an, dies auf den Holzkohlegrills in ihren knapp 100 Florida-Betrieben auszuprobieren.

Sauerkraut bei „Spritzels"

Um einen Überblick über die geschäftlichen Möglichkeiten zu bekommen, suchte ich als Erstes potentielle Kunden des Fleischerei-Großbetriebes auf, den ich übernehmen wollte. Einer davon war die Filial-Kette „Spritzels", die zu dieser Zeit in Florida auch etwa 100 Franchise-Filialbetriebe hatte. Neben allerlei deutschem Kitsch wie Schwarzwälder Kuckucksuhren und bemalten Bierkrügen verkauften sie deutsche Weine, deutsches Flaschenbier und auch deutsches Roggen-Brot, das sündhaft teuer aus Kanada geliefert wurde.

Beim Betreten der Läden, die überwiegend in Shopping Malls eingerichtet waren, roch es schon am Eingang nach Sauerkraut. Die amerikanischen Betreiber hatten von der deutschen Gastronomie keine Ahnung und das Einzige, was sie als Essen anzubieten hatten, war aus der Dose erwärmtes Sauerkraut mit einer so genannten Knackwurst aus New York. Kein Wunder, dass das Unternehmen „Spritzels" mit diesem unprofessionellen Verkaufsangebot finanziell auf der Kippe stand. Ich hatte die Möglichkeit, von dem griechischen Besitzer die 100 Franchise-Betriebe zu übernehmen und das Verkaufssortiment nach meinen Vorstellungen auszubauen.

Als ich dem Restaurant „Schnitzelhaus" in Orlando einen Geschäftsbesuch machte, rief mir schon einer entgegen: „Jetzt kommt der Abel aus Mallorca auch nach Amerika." Zunächst zog ich den Kopf ein, denn ich wusste nicht, wer hinter der Begrüßung steckte. Später erkannte ich den deutschen Restaurantbesitzer, der vor einigen Jahren von mir eine Filiale auf Mallorca hatte übernehmen wollen und, als das nicht klappte, nach Florida gegangen war. „Meine Kunden bestellen bei mir typisch deutsch", erklärte er mir schmunzelnd, nämlich Schnitzel mit Sauerkraut, und das bekommen sie dann auch.

Das ganz große Geld in Sicht

Über die Dimension meiner USA-Möglichkeiten war ich mir voll im Klaren. Auch darüber, dass ich für die Ausführung professionelle Hilfe brauchte. Die Firma Peat, Marwick, Mitchel, eine international operierende Wirtschaftprüfungsgesellschaft in Frankfurt in der Bleidenstraße, die heute unter dem Namen KMPG - „Deutsche Treuhandgesellschaft AG" firmiert, war für mich die einzige kompetente Adresse.

Der Amerikaspezialist des Unternehmens, ein Mitgesellschafter der Firma, war von meinem Florida-Vorhaben sofort begeistert. „Horst, lass mich da mitmachen, wir machen daraus eine amerikanische Aktiengesellschaft, die wir dann nach einiger Zeit mit einem Riesen-Gewinn an die Börse bringen", war sein Vorschlag. „Ich kenne da einen Börsenmakler aus Fulda, mit dem habe ich schon einige große Dinge durchgezogen. Erst vorige Woche ging über meinen Tisch eine Transaktion von einigen hundert Millionen US-Dollar, Geld von arabischen Ölmultis. Und dann kenne ich da noch einen Metzgermeister, der jetzt Prokurist bei der Supermarkt-Kette Kubsch in Würzburg ist. Der will nach Florida und könnte für uns den Betriebsleiter in Tampa machen." Nach einem gemeinsamen Treffen beschlossen wir, die Firma „Bavaria Wurst Highlight Inc." mit Sitz in Florida zu gründen.

Zurück in den USA, besuchte ich zunächst die Meat-Show, die Messe der amerikanischen Fleischindustrie in Chicago, um die notwendigen Geschäftskontakte zu knüpfen, anschließend informierte ich mich inkognito im Rahmen einer Betriebsbesichtigung bei Amerikas größter deutscher Wurstfabrik „Schaller und Weber" in Long Island/New York über unsere mögliche Konkurrenz, denn wir hatten ja Großes vor. Jetzt ging es um den Kauf der „Ponderosa"-Fabrik in Tampa, die 3,6 Millionen Dollar kosten sollte. Der wirkliche Wert des riesigen Grundstücks mit einer Betriebsfläche von 16.000 Quadratmetern mit den leerstehenden Kühl- und Gefrierhäusern war mindestens doppelt so hoch. „Du machst den Übersetzer und Berater, und ich werde die Verhandlungen führen. Lass aber nicht erkennen, dass du selbst mit einsteigen willst", sagte ich zu meinem Berater und zukünftigen Partner. Vor unserem Date mit dem Bevollmächtigten der „Ponderosa" trafen wir uns morgens um 10 Uhr in einem Hotel in der Nähe des International Airports in Tampa und begannen mit unseren Verhandlungen. Zu einem wild bedruckten, bunten Hemd trug ich eine ebensolche Krawatte. Mein Outfit sollte den Verkäufer täuschen und glauben machen, er habe mit dem naiven Hanswurst aus

Deutschland leichtes Spiel. In Wirklichkeit hatte ich vor, ihn auf die Hälfte seiner Preisvorstellung herunterzuhandeln. Die Verhandlung zog sich über zehn Stunden bis abends um 20 Uhr hin. Dabei musste der „Ponderosa"-Bevollmächtigte mehrmals telefonisch Kontakt mit seiner Zentrale aufnehmen, um mit ihr meine Vorstellungen abzusprechen. So gegen 22 Uhr wurde der Vertrag in einer großen Anwaltskanzlei in Tampa besiegelt. Zum Schnäppchenpreis von 1,8 Millionen Dollar hatte ich den Betrieb mit Grundstück laut Vertrag gekauft.

Neue Perspektiven

„So etwas wie dich habe ich in meiner ganzen Laufbahn noch nicht erlebt", meinte mein Berater anschließend, als wir noch am selben Abend mit dem Wagen nach Ford Lauderdale zurückfuhren.

Jetzt war ich auf dem Höhepunkt meines Lebens. Gut gehende Geschäfte auf Mallorca, ein ansehnliches Vermögen an Wertpapieren und die Aussicht auf Millionen-Gewinne in Florida waren eine beruhigende Ausgangsposition für weitere geschäftliche Erfolge in ganz neuen Dimensionen. Noch wusste ich nicht, dass ich in dem amerikanischen Sonnenstaat mein finanzielles Waterloo erleben würde.

Zunächst kaufte ich mir ein Seegrundstück mit Villa und eigenem Bootssteg in der Nähe von Orlando. Mein Hobby, das Angeln, sollte in der neuen Heimat nicht zu kurz kommen. Zwischen mir und dem Rechtsanwalt Bill Birli, den ich bei der Vertragsunterzeichnung des „Ponderosa"-Objektes kennengelernt hatte, entwickelte sich eine jahrelange Korrespondenz und Freundschaft. Als er später die Führung einer großen Bank auf den Cayman Islands übernahm, bot er mir an, für seine Bank den Kontakt zu seinen Kunden in Europa zu übernehmen. Viele namhafte international operierende Global Players sind in diesem sonnigen Steuerparadies beheimatet. An der

Hauptstraße der kleinen Florida vorgelagerten Insel haben sich auch fast alle weltweit operierenden Banken eingenistet. Eine Sammelstelle für Schwarzgelder und den Transfer steuerfreier Gewinne. Auch bekannte europäische Banken sind sich nicht zu fein, um dort mit einer Filiale von den Geschäften zu profitieren. Ich lehnte das verlockende Angebot Birlis ab, da ich andere Pläne hatte.

Ein geplatzter Traum

Aber zurück zum Kauf der „Ponderosa"-Fleischfabrik: Geplant war, die Fleischfabrik in Tampa mit meinen Partnern zu gleichen Teilen zu kaufen und danach in dem Betrieb eine deutsche Wurst- und Fleischfabrik zu betreiben. Die 50.000 US-Dollar für die Option hatte ich bereits aus meiner Tasche beim Abschluss des Kaufvertrages vorgeschossen. Nun hatten wir vier Wochen Zeit, den Rest der Kaufsumme aufzutreiben, was vorher mit meinen angehenden Teilhabern abgesprochen war. Einer der Partner und ich hatten unsere Anteile schon in den nächsten Tagen auf dem Treuhandkonto deponiert, als sich plötzlich herausstellte, dass die beiden anderen mit der Kohle nicht rüberkamen. Ich wurde mit immer neuen Versprechungen hingehalten, bis dann endlich die Kaufoption verfallen war. Ein Traum war geplatzt.

Mit einem der beiden treffe ich mich hin und wieder bei einem Italiener in Frankfurt oder in einem Weinlokal im Rheingau, und bei unseren Erinnerungen an Florida werden dann immer einige Weinflaschen entkorkt. Erst viel später hat er mir bei so einer Gelegenheit die ganze Wahrheit erzählt, wie das mit ihm und dem Geld des Anlagespezialisten war. „Horst, glaube mir, über meinen Tisch bei der Firma „Peat, Marwick, Mitchel" in Frankfurt gingen Hunderte von Petro-Millionen, die im Namen der Araber angelegt wurden. Mein Kollege hatte mir fest zugesagt, mir so viel Araber-Geld zu beschaffen, wie ich brauchte. Leider klappte das aber nicht zu der Zeit, als unsere Kaufoption lief, deshalb ging das in Tampa dann alles in die Brüche."

Trotz des Misserfolgs trug ich mich mit dem Gedanken, nach Florida zu ziehen und Mallorca den Rücken zu kehren. Als ich den Entschluss meinen Kindern und meiner damaligen Lebenspartnerin mitteilte, musste ich leider feststellen, dass ich die Rechnung ohne den Wirt gemacht hatte. Mallorca, war ihre neue Heimat, und ich konnte sie nicht für den Wechsel nach Florida begeistern. Ich hatte die Wahl, mich für die Familie oder für eine geschäftliche Zukunft in den USA zu entscheiden. „Du kannst, wenn du willst, in Florida und auf den Caymans deine Geschäfte machen, aber wohnen bleiben wir auf Mallorca!", war der Kompromiss, den mir die Familienmitglieder anboten. Dieser Entscheidung musste ich mich beugen, auch wenn ich heute noch oft daran denke, auf welche Chancen ich da verzichtet habe. Andererseits bin ich heutzutage auch nicht unglücklich. Ich fühle mich privat mit meiner Frau und Familie wohl auf Mallorca.

Start als Immobilien-Tycoon

Das Sonnen-Paradies war zu dieser Zeit der am schnellsten wachsende US-Staat mit täglich 1.000 Personen Neuzuzug. Orlando hatte ein jährliches Touristenaufkommen von rund 25 Millionen, dagegen waren die Zahlen von Mallorca, dem Florida Europas, eher bescheiden. So mochte ich nicht ganz auf die Chancen verzichten, die sich in den USA boten.

Zuerst waren es nur ein paar kleinere Bürogebäude in Ford Lauderdale, aber wenig später gehörte mir dort bereits eine ganze Straße mit rund 150 Wohnungen in unmittelbarer Nähe des Golfplatzes. Der Verwalter für meinen Besitz in Florida war der deutschstämmige Gunther Schomaker aus Bremen, ein Betrüger, der nicht nur mich, sondern auch andere Deutsche gleich dutzendweise aufs Kreuz gelegt hat. Da bewahrheitete sich wieder mal der Spruch „Gott schütze mich vor Sturm und Wind und Deutschen, die im Ausland sind". Durch meinen Landsmann verlor ich meine Millionen schneller, als ich sie vorher verdient hatte, und ich hatte noch Glück, dass es nicht zu meinem völligen finanziellen Ruin kam.

„Der Horst versteht keinen Spaß, wenn du krumme Dinger machst und er dir auf die Schliche kommt, kann das für dich übel ausgehen", mit diesem Worten eines gemeinsamen Freundes war Schomaker vorgewarnt. Trotzdem konnte er seine Betrügereien nicht lassen.

Der Deutschamerikaner war Makler und agierte auch als Hausverwalter für seine Kunden in Ford Lauderdale, die ausschließlich Deutsche waren. Fast alle hatten ihre Investitionen mit deutschem Schwarzgeld finanziert, und das wusste Gunther. Wenn dann wirklich einem seiner Kunden die Betrügereien auffielen, waren sie gegen ihn machtlos, denn Gunther gab ihnen dann zu verstehen, man könne ja auch dem deutschen Finanzamt Kenntnis über ihre Steuerbetrügereien geben.

Hatten sie erst einmal ihre Immobilien-Projekte über ihn gekauft, ließen sie den kumpelhaft auftretenden Landsmann anschließend auch die Verwaltung übernehmen.

So verdiente der Gauner gleich dreimal: einmal über seine nicht bescheidene Maklerkommission. Das waren bei den Millionen-Objekten immer hohe Summen. Zweitens mit den Gebühren für die Hausverwaltung. Und schließlich rechnete er die Reparaturen und den Service seiner eigenen Apartmenthäuser über die Konten der Objekte seiner Kunden ab. Das war im Nachhinein kaum nachzuweisen.

Schomaker, der in Bremen noch Schumacher geheißen hatte, besaß zu dieser Zeit etwa eintausend Mietwohnungen. Seine eigenen Objekte eingeschlossen, verwaltete er insgesamt damals in Ford Lauderdale einige tausend Wohnungen und

Apartments und wurde so schnell zum Multimillionär. Dass er bei den Rechtsanwälten, die die Kaufverträge ausfertigten, beim Steuerberater, bei den Handwerkern und bei den Serviceunternehmen dann auch noch mal hinter dem Rücken seiner Kunden Provisionen abkassierte, war selbstverständlich. Dabei achtete er immer darauf, dass seine deutschen Kunden sich gegenseitig niemals kennenlernten und somit keine Erfahrungen über seine Betrügereien austauschen konnten.

Aufs Kreuz gelegt

Mir verkaufte Schomaker den Apartment-Komplex „Kings Row" mit 120 Wohnungen in einer gepflegten Umgebung für einige Millionen Dollar. Dass die Verkaufsunterlagen über die Rentabilität des Objektes gefälscht waren, konnte ich beim Kauf nicht ersehen. Bei den verschiedenen Besichtigungen fuhren wir immer auf einem Weg, der durch eine sehr gepflegte Gegend ging. Die Apartments lagen direkt neben einem Golfplatz und weiteren Eigentumswohnungen mit gepflegten Grünflächen. Dass sich auf der anderen Seite in unmittelbarer Nachbarschaft ein heruntergekommenes Schwarzenviertel anschloss, konnte ich vor dem Kauf nicht erkennen.
Ich bin kein Rassist und habe keine Vorurteile gegen Menschen anderer Völker. Im Gegenteil, es gehört zu meinen Stärken, mich mit jedermann zu verstehen. Es ist Ironie des Schicksals, dass ich in den USA ein Opfer von Defiziten der amerikanischen Gesellschaft wurde, die ich nicht zu verantworten habe. Realität ist leider, dass alle Gebäude in dieser Nachbarschaft mindestens die Hälfte ihres Wertes verlieren, denn die Amerikaner haben das Problem der Verwerfungen in einer schwarz-weißen Gesellschaft noch lange nicht überwunden. Realität oder Einbildung – für seriöse Mieter mit weißer Hautfarbe gilt es aus vielerlei Gründen in manchen Regionen der USA, sowohl gesellschaftlich wie auch wegen der Sicher-

heit, als unmöglich, unter Menschen mit schwarzer Hautfarbe zu wohnen. Das ist zumindest in Ford Lauderdale so. Dieser Wohnkomplex wurde deshalb sehr schnell zum größten Problem meines Lebens und einem Millionengrab.
Zuerst stellte sich heraus, dass fast alle Wohnungen renovierungsbedürftig waren. Dann sanken die Mieteinkünfte drastisch, während die Ausgaben stiegen. Zu guter Letzt hatte ich keine Gewinne mehr, sondern musste mit meinem Geld aus Europa die Immobilien in den USA finanzieren.
„Der Dachsims ist morsch", „Horst, wir haben Termiten", „Die Pools haben sich abgesenkt und sind leck", „Die Dächer sind undicht und müssen erneuert werden," „Der Parkplatz hat sich abgesenkt, und deshalb müssen auch alle Abwasserrohre repariert werden" – immer neue Hiobsbotschaften erreichten mich auf Mallorca und bei meinen Besuchen in den USA.
Nach dem Hurrikan Andrew wurden die Haus-Versicherungspolicen von 30.000 gleich auf 90.000 Dollar erhöht, und das Objekt war längere Zeit gänzlich ohne Gebäudeversicherung, weil keine Versicherungsgesellschaft das Risiko tragen wollte.
Floridas bisher größten Wirbelsturm habe ich vor Ort miterlebt. Als ich in Frankfurt den Jumbo der Lufthansa bestieg, wunderte ich mich zunächst, dass die Maschine nur halb besetzt war. Von Mallorca kommend, war ich nicht wie andere Fluggäste vorgewarnt. Erst vor dem Anflug auf Miami meldete sich der Kapitän mit der Durchsage, „Andrew" sei noch über dem Atlantik und wir könnten problemlos landen. Darüber machte ich mir auch keine Gedanken und fuhr zu meiner Wohnung. Etwas stutzig wurde ich beim Einkaufen. Der Supermarkt machte den Eindruck, als sei er ausgeplündert worden. Es standen kaum noch Lebensmittel in den Regalen, Wasser und sonstige Getränke waren alle ausverkauft. Da ich auch nicht ferngesehen hatte, legte ich mich arglos schlafen.
Erst am nächsten Tag sah ich das Ausmaß der Verwüstung: Zerstörte Häuser und Gebäude, abgerissene Ampeln, entwur-

zelte Bäume, verstreute Dachelemente, abgeknickte Schilder überall. Es sah aus wie nach einem Bombenangriff. Fast alle Bäume, auch Palmen, waren ohne Blätter, nur die kahlen Baumstümpfe ragten in den Himmel. Erst jetzt wurde mir klar, wie viel Glück ich gehabt hatte, dass das Zentrum des Hurrikans nicht direkt über Ford Lauderdale, sondern weiter südlich unterhalb von Miami hinweggefegt war. Meine Wohnung unter dem Dach hätte dieser Naturkatastrophe kaum standgehalten.

Florida – mein Waterloo

Eine Hiobsbotschaft jagte die nächste, und jedes Mal waren wieder einige hunderttausend Dollar fällig. So nach und nach erst wurde mir bewusst, mit welch billigem Material diese von außen so luxuriös wirkenden Florida-Häuser gebaut wurden. Die Wände bestehen innen aus dünnen Holzstreben, die dann beidseitig mit Gipsplatten vernagelt werden. Das Flachdach besteht aus Spanplatten, die mit billiger Dachpappe verklebt werden, und die Badewannen sind aus Plastik. Mich wundert es nicht mehr, wenn bei jedem Wirbelsturm ganze Landstriche platt gewalzt werden, seitdem ich weiß, dass alles vom Keller bis zum Dach nur aus billigsten Baustoffen besteht. Das sind für unsere Begriffe Potemkinsche Dörfer.

Die können auch dem Termitenbefall wenig Widerstand leisten, der alle paar Jahre so sicher wie das Amen in der Kirche droht. Dann fallen Ameisenheere über das innere Holzgerippe her, um es aufzufressen. Der Kampf gegen diese Plage ist sehr kostspielig. Zuerst müssen alle Mieter auf Kosten des Hausbesitzers ins Hotel umziehen, dann wird ein Gerüst um das Gebäude und Dach gebaut, und mit Planen abgedeckt, um dann anschließend die Vergasung durchzuführen. Der ganze Prozess dauert mehrere Tage.

Nicht nur diese Insekten sind eine Florida-Plage, noch problematischer sind die unzähligen Cucarachas, in allen Größen und Variationen. Die Schaben stecken besonders im Innenraum der Gipsplattenwände und kriechen am liebsten nachts dann aus ihren Ritzen. Wenn nicht der Kammerjäger alle paar Tage käme, um die Wohnungen auszuspritzen, wären diese auf Dauer unbewohnbar.

Die größte menschliche Enttäuschung war für mich Barry C., ein Rechtsanwalt, dem man seine Gerichtszulassung entzogen hatte. Er war wohl ein Deutschenhasser, und von seiner wohl nicht ganz einwandfreien Vergangenheit als Anwalt bekam ich erst im Nachhinein Kenntnis.

Barry C. wurde mir als neuer Hausverwalter empfohlen, bekam dafür monatlich 3.500 Dollar. Wie sich später herausstellte, hatte er von Anfang an nur eines im Sinn: mich zu ruinieren. Mit seinem Rechtswissen dachte ich, den richtigen Mann für die Objektverwaltung gefunden zu haben. Ich vertraute ihm meine 120 Wohnungen an.

In Florida hatte ich einen großen jüdischen Freundes- und Bekanntenkreis, überwiegend Rechtsanwälte, Bankdirektoren und auch Ärzte. Von ihnen war mir auch Barry empfohlen worden. Barry begann zunächst, hinter meinem Rücken alle weißen Bewohner gegen Schwarze auszutauschen.

Schwarz-weiß-Taktik

Als ich das nächste Mal nach Florida kam, musste ich feststellen, dass aus meinen Immobilien mit zunächst ausschließlich weißen Mietern ein Schwarzen-Ghetto geworden war. Damit hatte sich auch der Wert halbiert, und das Gebäude war zunächst unverkäuflich. Das Ganze wieder umzukehren, dafür gab es keine Chance.

Da ich hin und wieder nach dem Rechten sehen musste, hatte ich eine Wohnung in meiner Anlage „Kings Row Luxury Apartments" für den eigenen Bedarf. Als es unter Barrys Manage-

ment bald mehr schwarze als weiße Hausbewohner gab, wurden das Gebäude und die Umgebung unsicher. Mieter wurden am hellen Tage im Gebäude ausgeraubt und zusammengeschlagen.
Als die letzten Weißen, zum Teil langjährige Mieter, aus Angst meine Wohnungen gekündigt und verlassen hatten, wurde es auch für mich gefährlich. Bei Anbruch der Dunkelheit konnte ein Weißer dort nicht mehr ohne Risiko auf die Straße gehen. Die ganze Nacht hindurch hörte man die Polizei-Sirenen heulen und Schüsse krachen. Das Gebiet wurde jetzt von Drogendealern und Räubern beherrscht. Ein Menschenleben ist in so einer Gegend nicht viel wert, und für ein paar Dollar gibt es genug Auftrags-Killer.

Mit der Pistole im Bett

Als man dann in einem Versteck vor meiner Wohnung eine geladene Pistole fand, war der Spaß auch für mich vorbei. Zunächst ließ ich zu meinem Schutz einen Polizisten gratis in der Nebenwohnung wohnen, der demonstrativ seinen Polizeiwagen vor meiner Wohnung parkte. Außerdem kaufte ich mir offiziell eine großkalibrige 10-mm-Magnum-Pistole mit Spezialpatronen, dazu geeignet, einen Elefanten umzulegen. Nachts lag die durchgeladene Waffe neben mir am Bett und wenn ich außer Haus ging oder einen säumigen Mieter besuchen musste, trug ich die „Puste" sichtbar in einem Halfter. Für das offene Tragen der amerikanischen Militärkanone brauchte ich eine spezielle Genehmigung. Ich wurde auf einem Schießstand trainiert und musste danach eine Spezialprüfung ablegen. Bei Lebensgefahr hätte ich keinen Augenblick gezögert, Gebrauch von meiner Kanone zu machen. Zuletzt besaß ich offiziell mehrere Schießeisen, die jeder in Florida ohne Probleme kaufen kann. Man muss nach dem Kauf für die Registrierung eine Nacht lang den Reisepass hinterlegen und kann dann am nächsten Tag ohne Probleme die Waffe in Empfang nehmen. Munition, auch sehr gefährliche Dumdum-Geschosse, erhält man problemlos.

Der kriminelle Sonnenstaat

Es wird gerne verschwiegen, dass auch Touristen in der Gegend zwischen Miami und Ford Lauderdale gefährdet sind. Bei der Übergabe des Mietwagens am Miami Airport wird allerdings jeder ausdrücklich darauf hingewiesen, nur die Straßen zu benutzen, die mit einer Sonne gekennzeichnet sind, was im Umkehrschluss heißt, nicht durch schwarze Viertel zu fahren. Seitdem die Autokennzeichen so verändert wurden, dass Mietwagen nicht mehr sofort als solche erkennbar sind, sind die gezielten Attacken auf Fremde etwas zurückgegangen. Es kann aber durchaus passieren, dass man auf dem siebenspurigen Highway US 95 von Miami nach Fort Lauderdale mitten auf der Autobahn von Kriminellen gestoppt und ausgeraubt wird.

In meinen Mietkomplex waren etwa zehn Prozent der Wohnungen immer unvermietbar, denn sie wurden von den Mietern in einem Zustand hinterlassen, als hätte eine Bombe eingeschlagen. Da waren Löcher in die Wände der frisch renovierten Wohnung und die Tapeten mit Kot und Filzstiften verschmiert. Die Wäsche wurde nicht gewaschen, sondern bergeweise in der Wohnung verteilt, und die Möbel wurden generell zu Kleinholz gemacht. Die Entrümpelung der Wohnungen musste ich durch Spezialfirmen ausführen lassen, die immer mit einem Container und Gasmasken anrücken. Da ging es nicht um normale Abnutzung, sondern da war reine Zerstörungswut am Werk, wohl im Bewusstsein, dass die Wohnungen einem Weißen gehörten.

In dieser Zeit habe ich den Glauben an die Menschheit verloren und war oft den Tränen nahe. Ganz schlimm war es, wenn die Stromgesellschaft den Mietern einige Tage vor dem Auszug die

Leitungen kappte, weil sie nicht bezahlt hatten. Da zog sich schnell übler Verwesungsgeruch durchs Haus. Mehrmals musste ich mich übergeben, wenn ich die Kühl- und Gefrierschränke mit verwestem Fleisch und anderen Lebensmitteln öffnete.

Pizza-Voodo

Besonders chaotisch waren die Mieter aus Haiti. Sie aßen die angelieferte Pizza nicht am Tisch, sondern auf dem pastellfarbigen Teppichboden. Da musste eine Wohnung schon nach zwei bis drei Monaten wieder total renoviert werden, was mich jedes Mal 3.000 bis 4.000 Dollar kostete. Die Mietpreise betrugen 300 bis 400 Dollar monatlich.
In den Gebäuden ging es zu wie in einem Taubenschlag. Die durchschnittliche Mietzeit betrug schließlich nur noch drei bis vier Monate. Dann erfolgte die Räumungsklage, wegen Mietrückstand, und am Ende war immer wieder auch die Renovierung fällig. Viele Mieter waren so knapp bei Kasse, dass einige ihre Miete in wöchentlichen Raten von 100 Dollar abstotterten. Oft war ich drauf und dran, alles hinzuwerfen, auf den ganzen Millionenbesitz zu verzichten, um endlich aus diesem Schlamassel rauszukommen. Ich hatte das Gefühl, nur von Gaunern und Betrügern umgeben zu sein. Egal wo ich hinkam, ich fühlte mich hintergangen, betrogen und ausgenutzt.

Von Barry reingelegt

Vielleicht bin ich im Umgang mit Menschen, die mir sympathisch sind zu naiv, aber ich hatte mein Vertrauen zu Barry noch nicht aufgegeben. Und als ich wieder nach Mallorca zurückmusste, umarmte er mich freundschaftlich, gab mir die Hand und sagte: „Horst, du kannst ganz beruhigt nach Hause fahren, hier läuft alles in deinem Sinn weiter, du weißt ja, wir stehen alle voll hinter dir." Guter Dinge flog ich nach Spanien zurück.

Etwa 14 Tage später erhielt ich einen Anruf von einer alten Bekannten, der Deutschen Rosi, die rein zufällig bei meinen Häusern vorbeigekommen war und über Umwege meine Telefonnummer erfahren hatte. „Horst, Barry ist abgehauen, das Kings Row erstickt meterhoch im Müll, schon seit 14 Tagen ist dein Haus ohne Verwaltung, und dein Office ist geschlossen. Barry, das Schwein, hat dich vorsätzlich reingelegt, seit dem Tag deiner Abreise hat er sich nicht mehr in der Wohnanlage blicken lassen. Seitdem werden auch keine Mieten mehr kassiert. Kein Mensch hier kennt deine Anschrift oder deine Telefonnummer, und deswegen kann dich auch niemand in Europa erreichen. Deinen deutschen Freund Benno habe ich angerufen, er war hier, hat im Büro die Füße auf den Schreibtisch gelegt, aber geholfen hat er mir auch nicht."

Im ersten Moment dachte ich, es zieht mir den Boden unter den Füßen weg, hatte mir Barry nicht mit Handschlag versprochen, ich könne ruhig und unbesorgt nach Spanien fahren? Und wenn er schon keine Lust mehr hatte, das Objekt weiter zu verwalten, warum hatte er mir das nicht vor Ort gesagt? Er wollte mich ganz offensichtlich fertigmachen. Was hätte noch alles passieren können, wenn Rosi R. nicht zufällig vorbeigekommen wäre? „Rosi, rette was du retten kannst, ich komme so schnell wie möglich."

Bereits da hätte ich alles verlieren können. Obgleich Weihnachtszeit war, und ich mich mit meiner Familie schon auf das Fest vorbereitet hatte, stieg ich wieder einmal in den Flieger und flog Richtung Westen. Notgedrungen tauschte ich über Weihnachten und auch Neujahr meine Villa auf Mallorca gegen die Wohnung in Ford Lauderdale aus. Als ich bei meiner Ankunft meinen Mietwagen kurz vor dem Büro parkte, um die Angestellten zu begrüßen, wurde in dieser Zeit das abgeschlossene Fahrzeug aufgebrochen und in weniger als fünf Minuten ausgeräumt, mit Koffer und Aktentasche mit meinen gesamten Papieren.

Getrennt von meiner Familie verbrachte ich danach die traurigsten Feiertage meines Lebens. Rosi übernahm dann den Job von Barry. Bei der Einzahlung meiner Mieteinnahmen verwechselte sie dann leider öfters den Schalter meiner Bank mit der Kasse der Spielbank. Erst später erfuhr ich, dass sie eine Spielerin war, die von ihrer Sucht nicht lassen konnte. In der Zeit, als sie meine Häuser betreute, gelang es Rosi immerhin, aus den Einnahmen in der Kings Row so viel Geld abzuzweigen, dass sie sich davon später eine eigene Villa bauen konnte.

Teurer Prozess in Florida

Wenn ich allerdings geglaubt hatte, das sei der absolute Tiefpunkt gewesen, hatte ich mich getäuscht. Denn es sollte noch schlimmer kommen.

Hätte ich vorher gewusst, dass mich der Prozess gegen den Betrüger Gunther Schomaker rund zwei Millionen US-Dollar kosten würde, dann hätte ich mir das noch einmal gut überlegt.

Die Anzeige gegen Schomaker lief, und es war an der Zeit, den Prozess gegen denjenigen zu führen, der mir durch gefälschte Kaufunterlagen, die Probleme eingebrockt hatte. Nach langem Suchen wurde mir für den Prozess eine Kanzlei in Miami empfohlen. Im 25. Stockwerk eines Hochhauses in Down Town mit einem herrlichen Rundblick auf den Hafen und nach Miami Beach residierte die noble Bürogemeinschaft, die mich von nun an rupfte.

„Diesem Betrüger werden wir es zeigen, wir sind die größte und bekannteste Kanzlei in Florida, Ihre Investitionen und die Verluste werden wir alle wieder einklagen, wenn bei dem Angeklagten was zu holen ist. Ein Makler in Florida ist auf jeden Fall regresspflichtig", erklärte ein sichtlich kämpferischer Anwalt. „Bei dem ist was zu holen, der besitzt einige hundert Apartments, Bürogebäude und eine Villa am Intercostals Waterway an der A 1 Straße", entgegnete ich. In dieser nur von

Weißen bewohnten Gegend befinden sich die teuersten Objekte in Fort Lauderdale. „Ja, wenn das so ist, dann werden wir es ihm mal zeigen." Der Anwalt gab sich jetzt siegessicher. „Und auf Schadensersatz werden wir ihn auch verklagen, und unsere Kosten muss er dann auch übernehmen", fügte er noch hinzu. „Bringen Sie uns Ihre Unterlagen. Wir werden unbarmherzig zuschlagen." Als Greenhorn glaubte ich diesen ganzen Sprüchen. Ich wäre clever gewesen, wenn ich von ihm verlangt hätte, mir seine Versprechen doch bitte schriftlich zu bestätigen. Ich aber brachte ihm am nächsten Tage die Unterlagen und unterschrieb die Prozessvollmacht.

Erfolgsaussichten gleich Null

Dass meine Erfolgsaussichten gleich Null waren, hat mir der Rechtsvertreter nicht gesagt. Nach den Gesetzen des Staates Florida ist es mit einem kleinen Trick möglich, den Grundbesitz unpfändbar zu machen. Darüber wurde ich von der Rechtsanwaltskanzlei natürlich nicht aufgeklärt. Wenn der Schuldner zum Beispiel seine Ehefrau mit auf seinen Grundbesitz eintragen lässt, dann kann das gemeinsame Eigentum nicht gepfändet werden. Genau das hatte Schomaker gemacht. Ich bekam zwar einen Titel gegen ihn. Der erwies sich aber als vollkommen nutzlos. S. verkaufte kurze Zeit nach dem Prozess sein gesamtes Eigentum in Florida und zog anschließend in einen anderen amerikanischen Staat. Die Privatdetektive, die ich auf ihn ansetzte, verlangten als Vorschuss für ihre Kosten 15.000 Dollar. Angeblich hatten sie den Betrüger in North Carolina ausfindig gemacht, waren jedoch danach für mich nicht mehr erreichbar. Vom Vorschuss habe ich nie mehr etwas gesehen. Ich vermute, dass Schomaker ihnen mehr Geld geboten hatte, um seine Ruhe vor mir zu haben.
Aber zurück zu der Anwaltsfirma in Miami. Ich war dem größten juristischen Abzocker-Unternehmen und dem unfähigsten

Anwalt von Miami und Umgebung in die Hände gefallen. Das erkannte ich leider erst bei Prozessende. Von nun an hatte mein Anwalt bei jeder Sitzung, zu der wir freudig empfangen wurden und von einer netten Sekretärin Kaffee serviert bekamen, eine Art Stechuhr vor sich stehen, mit der er seine für mich aufgewendete Zeit stoppen konnte. 250 Dollar kostete er mich pro Stunde. Dazu kam, dass von nun an die gesamte Officemannschaft ihre Arbeitsstunden von je 40 Dollar für Büroangestellte, bis zu 150 Dollar für juristische Gehilfen auf meinem Konto gebucht wurden. Eine Kontrolle darüber, ob die berechneten Stunden wirklich geleistet wurden, war nicht möglich. Da hatte sich ein weiteres Millionengrab aufgetan.

Recht, aber kein Geld

Trotz eines dilettantischen Anwaltes und wenig sachkundiger Geschworener bekam ich zwar am Ende Recht, und Schomaker wurde zur Zahlung von 1,5 Millionen US-Dollar verurteilt. Das war allerdings weniger, als alleine die Anwaltssozietät kassiert hatte. Das Urteil selbst war für mich ohnehin nutzlos, da es keinen Weg gab, an das Geld zu kommen.

Während der ganzen Prozesszeit musste ich außerhalb des Gerichtes ständig untertauchen, denn gute Bekannte hatten mir gesteckt, Gunther Schomaker hätte einen Killer auf mich angesetzt, um so den Prozess vorzeitig zu beenden. Da ich die Sache sehr ernst nahm, musste ich mir jede Nacht eine andere Bleibe, mal im Hotel, mal bei Bekannten, suchen. In den Hotels habe ich mich vorsichtshalber immer mit falschen Namen eingetragen und bar bezahlt, denn in den USA besteht, mit entsprechenden Beziehungen, die Möglichkeit, über die Kreditkarte den Aufenthaltsort des Inhabers sofort und zu jeder Zeit ausfindig zu machen.

Mit dem Verkauf der „Kings Row Luxery Apartments" an einen Afroamerikaner habe ich meinen geschäftlichen US-Ausflug abgeschlossen. Das amerikanische Abenteuer kostete mich alles in allem rund fünf Millionen US-Dollar. Schlimmer aber waren für mich die menschlichen Enttäuschungen. Zudem war ich Opfer einer historisch bedingten Fehlentwicklung der US-Gesellschaft geworden, deren Folgen die Schwarzen noch heute massiv zu spüren bekommen. Dass sie aufgrund sozialer Benachteiligungen oft einen tief sitzenden Hass gegen Weiße haben und mit deren Eigentum wenig sorgsam umgehen, dafür habe ich Verständnis. Und ich kann auch ermessen, warum es in den benachteiligten Bevölkerungsgruppen eine hohe Kriminalitätsrate gibt.

Mitleid mit dem „Mietwagenkönig"

„Hier ist Hasso, mir geht es schlecht, ich brauche einen Arzt", sagte der Anrufer mit müder Stimme. „Ja, hallo, Hasso, hier ist aber Horst Abel und nicht der Arzt", sagte ich. „Dann bin ich wohl falsch verbunden" erwiderte er und legte wieder auf. Das war eine der wenigen Gelegenheiten, dass ich mit dem Mann, der während der gleichen Zeit wie ich gut 30 Jahre auf Mallorca verbracht hat, gesprochen habe. Freunde waren wir nie, dafür waren wir zu verschieden. Wo er meine Telefonnummer herhatte, ist mir ein Rätsel, denn die steht in keinem Telefonbuch. Wir kannten einander zwar vom Sehen und erschienen auch oft in den gleichen Mallorca-Berichten, so wie in der Serie der „Bild am Sonntag" unter dem Namen „Die deutschen Könige auf Mallorca". Ich selbst habe mich, im Gegensatz zu dem Schlagersänger Jürgen Drews, allerdings nie als König von Mallorca bezeichnet, das machten die deutschen Medien. Den Titel „Wurstkönig" bekam ich von ihnen verliehen.
Hasso war schon vor meiner Zeit mit seinem Mietwagengeschäft auf Mallorca tätig. Zur Franco-Zeit schenkte er den Beamten der Guardia Civil in Can Pastilla meistens seine alten, abgeschriebenen Mietwagen und schuf sich so einige nützliche Kontakte, die ihm halfen, sein Imperium aufzubauen.

Ohne dass es mich wirklich interessiert hätte, wurde ich immer wieder von unserer Garderobenfrau im Carrusel, die in der Nähe von Hasso in Can Pastilla wohnte, mit allen möglichen Neuigkeiten über sein Privatleben informiert. „Hasso hat sich mit seinem Sohn gestritten, der jetzt nicht mehr bei ihm arbeitet. Seine Freundin hat ein Kind von ihm bekommen, aber sie lässt ihn sein Kind nicht sehen, bis er bezahlt – Hassos Sohn, hat jetzt seine Stiefmutter geheiratet und seinen kleinen Bruder adoptiert..." Mich interessierten seine Frauengeschichten und auch sein Privatleben nicht, davon konnte man genug in der Presse lesen und allzu oft gab es auch peinliche Fernsehauftritte mit ihm. Für die Medien war es ein Leichtes, ihn immer wieder vorzuführen.

Am Ende war nur noch vom „Ekel-Millionär" die Rede. Ich fragte mich oft, warum Hasso, sich so etwas antat. Schadenfreude empfand ich keine, eigentlich nur Mitleid.

Ein anderes Mal begegnete mir Hasso als Gast im Carrusel. Mit Freunden saß ich beim Knobeln, und er fragte, ob er mitmachen dürfe. „Ja, Hasso", sagte ich, „es geht um eine Pulle Sekt." Hasso verlor die Runde, verschwand, und wir sahen ihn nicht wieder. Vielleicht war er schon betrunken und blieb deshalb die Bezahlung schuldig. Auch dass er mich einmal im deutschen Fernsehen einen „Saukopf" nannte, sei ihm im Nachhinein verziehen.

Hasso ließ seinerzeit von Wolfgang Fabian seine Biographie schreiben. Davon bekam ich auf Umwegen ein Exemplar mit persönlicher Widmung.

Ich weiß noch, wie er in Düsseldorf, wo Hasso einen guten Kontakt zur Bild-Zeitungs-Redaktion hatte, sein Buch vorstellte. Ob er den Rolls Royce, mit dem er in der Rheinmetropole vor dem Steigenberger Hotel vorfuhr, aus Mallorca mitgebracht oder vor Ort gemietet hatte, weiß ich nicht, aber auf seine gebrauchten britischen Edelkarossen mit Emmy-Kühlerfigur war er immer mächtig stolz. Als dann ein paar Tage später das

Mallorca-Magazin einige für ihn wenig schmeichelhafte Passagen aus Hassos Buch veröffentlichte, war er von den Enthüllungen nicht mehr begeistert und ließ alle Ausgaben, die zum Verkauf bestimmt waren, vom Markt nehmen und einstampfen. Schon als ich die ersten Seiten seines Buches las, konnte ich mich des Eindrucks nicht erwehren, dass der Buchschreiber, aus welchen Gründen auch immer, kein Interesse daran gehabt hatte, Hasso positiv zu schildern.

Trauriger Karnevalsauftritt

Es gab noch eine Situation, die ich immer vor mir habe, wenn ich an Hasso denke. Sie war charakteristisch für ihn und sein Auftreten. Auf einer Karnevalssitzung im Spielkasino von Mallorca in Magaluf, die von einigen Firmen gesponsert wurde – auch Hasso und ich gehörten dazu –, wurde lautstark gefeiert. Plötzlich wurde die Stimmung mit Fanfaren Musik unterbrochen, und alle schauten gespannt zur Bühne. Sie war zunächst leer, aber langsam wurde ein Rolls Royce ins Blickfeld gehoben. Bewegungslos wie eine Schaufensterpuppe, den Blick starr nach vorne gerichtet, konnte man jetzt Hasso am Steuer sitzen sehen. Es blieb totenstill und alle warteten auf den Gag. Doch der lustige Einfall blieb aus, und Hasso verschwand – gespensterhaft erstarrt am Volant –, wie er gekommen war, von der Bühne. Betretenes Schweigen. Es dauerte eine Zeit, bis die Gesellschaft langsam wieder in Stimmung kam, und jeder fragte sich, was der Mann wohl mit seinem Auftritt hatte erreichen wollen? Es blieb sein Geheimnis. Hasso ist inzwischen gestorben.

Mit Mallorquinern auf der Reise

Zu meinen Hobbys gehört das Reisen. Und da habe ich mit den Mallorquinern als Gefährten unterwegs in der Welt nur positive Erfahrungen gemacht. Vorbei an dem ewig mit Eis und Schnee bedeckten „Mount McKinley", Nordamerikas höchsten Berg mit 6.195 Metern, schwebte unser Lufthansa-Jumbo über eine unendlich weite menschenleere Tundra-Landschaft in Richtung Anchorage.

Es war im November des Jahres 1975, und wir waren mit unserer mallorquinischen Reisegruppe auf dem Weg nach Japan. Zu dieser Zeit mussten alle europäischen Fluggesellschaften, die die Nordroute nach Japan nahmen, einen technischen Zwischenstopp in Alaska machen, um aufzutanken. Den heute üblichen kürzeren Weg über Sibirien ließen die Russen zu dieser Zeit noch nicht zu. Die unter mir vorbeigleitende Weite faszinierte mich, und der Wunsch wuchs in mir, diese wunderbare unberührte Naturlandschaft, die den Eindruck erweckt, als wäre sie noch niemals von einem Menschen betreten worden, kennenzulernen. Meine Frau und ich wurden von der Reisegruppe, die überwiegend aus mallorquinischen Hoteliers bestand, herzlich aufgenommen und integriert. Von Tokio aus fuhren wir mit dem bekannten Hochgeschwindigkeitszug zur alten Kaiserstadt Kyoto.

„El Perdito"

Auf dieser Reise wollte ich mit meiner Film-Kamera die japanische Landschaft aufnehmen, und da das Zugfenster schmutzig war, stieg ich einen Moment aus, um das Fenster etwas zu säubern. Plötzlich verschlossen sich die Türen automatisch und ich wurde am Bahnsteig in Tokio zurückgelassen. Als sich alle Reiseteilnehmer besorgt bei meiner Frau erkundigten, was wohl jetzt mit mir alleine auf dem Bahnsteig in Tokio passieren würde, meinte sie nur: „Der kommt überall durch, um den braucht ihr euch keine Sorge zu machen." Von nun an nannte man mich bis zum Ende der Reise „El Perdito", also „Der Verlorene".

Mit den asiatischen Köstlichkeiten konnten sich die meisten Mittelmeer-Insulaner nicht anfreunden, und ich hörte zu meinen Seiten immer wieder „que raro", also „wie merkwürdig", wenn es etwas zu essen gab. Als wir dann auf dem Rückflug waren, mit dem Gefühl, alles gut überstanden zu haben, kam es zu einem emotionalen Höhepunkt bei den Mallorquinern. Irgendjemand hatte eine „Sobrassada" von Mallorca mit auf die Reise genommen und an allen Zollkontrollen vorbei geschmuggelt, die jetzt über den Wolken, nach dreiwöchiger Abstinenz, in kleine Stücke geschnitten, an die Reisegruppe verteilt wurde. Auch wir, die einzigen Nichtmallorquiner, durften an diesem Zeremoniell teilhaben, was wir als große Ehre empfanden. Mit der Vorfreude, jetzt bald wieder zu Hause zu sein, wurde jeder Bissen der Paprikawurst, mit Verzücken, als kulinarischer Höhepunkt der Reise genossen.

Abel, der Lachskönig

Schon im darauf folgenden Jahr 1976 erfüllte sich mein Traum, Alaska näher kennenzulernen, und seitdem fliege ich mindestens einmal im Jahr zum Lachseangeln und auf Erkundungsreise dorthin. Meine Reise führt mich immer zuerst über Anchorage nach King Salmon. Dort kennt man mich nicht als Wurstkönig, sondern als Lachskönig, denn nach Meinung meines Bootsvermieters Ed, ist keiner auf dem Naknek-River dort beim Lachsfang so erfolgreich wie ich. Bedingt durch meine dreißigjährige Erfahrung, kenne ich mich auf dem Fluss, der etwa die Breite des Mains in Frankfurt hat, sehr gut aus.

Die kleinen Lachse, die nach dem Schlüpfen der Eier noch etwa zwei Jahre in dem Fluss aufwachsen, ziehen dann in den Pazifischen Ozean und kommen nach drei Jahren, als ausgewachsene Lachse wieder zum Laichen in ihren Geburtsfluss zurück. Bedingt durch das gute Management der Alaska-Fischereibehörde, können sie jedes Jahr von den Berufsfischern in der Flussmündung millionenfach mit Netzen gefangen werden. Der Fang wird dann gleich auf japanischen Fabrikschiffen in der Bristol Bay verarbeitet und in Containern nach Japan verschifft.

Es macht mir viel Spaß, jeden Tag mein Fanglimit zu angeln und die Lachse, nachdem sie bei meinem deutschen Metzger-Kollegen in Anchorage geräuchert wurden, mit nach Hause zu nehmen. Geschmacklich lässt sich die Qualität der Wildlachse nicht mit dem vergleichen, was man in hiesigen Supermärkten an eingefärbten und oft pestizidverseuchten Zuchtlachsen zu kaufen bekommt.

Aber nicht nur das Angeln fasziniert mich dort, sondern auch das Lebensgefühl in diesem dünn besiedelten Landstrich. Dazu gehören die urigen Hütten, Ausflüge mit dem Boot und in kleinen Wasserflugzeugen zu einsamen Seen, die Wildwest-Bars mit Fischern und Trapper-Gestalten und das Abgeschnittensein vom Rest der Welt.

Bei den Nasenbeißern

An der Bar des Kingo Inn in King Salmon, trafen wir John, der uns so lange bequatschte, bis wir versprachen, ihn in seinem Wohnort Egegik zu besuchen. Als wir mit unserer kleinen Maschine auf der Schotterpiste aufsetzten, wurden wir schon von unserem Bekannten erwartet. Sein Haus war eine Bude und bestand aus Brettern und aus Autoteilen, die als Fenster, Türe und Sitzgelegenheit dienten. Aber zugegeben, von hoch oben am Rande einer steilen Böschung, hatte man einen herrlichen Blick über die Mündung des Egegik-River auf das Meer. Die Einwohner der 120-Seelen-Gemeinde, davon 44 Haushalte mit 23 Familien, bestehen überwiegend aus Ureinwohnern. In dem Ort, abgeschnitten von dem Rest der Welt, gibt es weder Polizei noch einen Arzt oder einen Richter. Die Kneipe wird nur während der Lachs-Saison geöffnet, wenn es Arbeit in der Fischfabrik gibt. Den Rest des Jahres leben die Einheimischen nur von der Jagd und vom Fischfang. In den sechs Wochen, in denen eine rührige Amerikanerin aus Anchorage den Kneipen-Betrieb am Laufen hält, muss von ihr fast jede Einnahmequelle genutzt werden. Die Arbeiter und Fischer der Fischfabrik können dort ihre Pizza essen, ihre Wäsche waschen lassen, baden und duschen, oder auch andere weibliche Dienste in Anspruch nehmen.

„Das Hauptproblem hier ist der Alkoholismus", klärt uns John auf. In der Dorfmitte gibt es einen speziellen Laden, in dem das Feuerwasser verkauft wird, und es gibt viele, die den ganzen Tag lang an der Flasche hängen. „Und nachher kommt es dann meistens zu Schlägereien, wobei jeder versucht, dem andern die Nase abzubeißen." Dabei zeigte er uns seinen Riechkolben, der bei einer solchen Aktion auch schon sehr lädiert worden war.

Riechkolben selbst angenäht

Norbert, mein Angelfreund aus Fulda, wurde sichtlich blass, in Gedanken an sein prachtvolles Riechorgan. „John, wer hat dir denn deine abgebissene Nase wieder angenäht?", wollte ich wissen. „Das musste ich notgedrungen selbst machen, in der einen Hand meinen abgebrochenenr Autoseitenspiegel, und mit der anderen, mit Nähnadel und Faden, habe ich die Nase bei Kerzenlicht wieder angenäht. Während der Prozedur schossen mir die Tränen aus den Augen, und ich musste eine ganze Flasche Whisky trinken, um die Näharbeit zu vollenden und um die Schmerzen zu ertragen. Dabei hatte ich noch Glück, denn es kommt vor, dass besonders rabiate Raufbolde das Nasenstück gleich aufessen, und dann ist es für immer futsch."

Nach dieser Offenbarung, hatten wir keine Lust mehr, der örtlichen Kneipe einen Besuch abzustatten. Als wir am nächsten Tag am Friedhof vorbeikamen, sahen wir viele frische Gräber mit russischen Kreuzen, und John erzählte uns, dass die meisten bei

Streitigkeiten erschossen worden seien, da bei den Nasen-Beißern nach alter Western-Art auch das Schießeisen lockersitze.

Wir beschlossen, noch am gleichen Tag mit einem Boot dreißig Kilometer weiter flussaufwärts in eine Lodge umzuziehen. Es war das Ende der Welt, denn in weitem Umkreis gab es keine Menschenseele mehr, und nachts hörte man vor unseren Zimmern Wölfe und Bären. Der einzige Kontakt zur Außenwelt war eine Funkverbindung, mit deren Hilfe wir dann ein Flugzeug orderten und ausgeflogen wurden.

Jedes Jahr schließt sich nach dem Lachsangeln eine mehrtägige Erkundungsreise an immer neue Orte in Alaska an, und bisher waren alle extrem erlebnisreich. Alleine darüber gäbe es genügend Stoff, ein interessantes Buch zu schreiben. Die Insel Kodiak, die verlassenen Goldminen von Nome unweit der russischen Grenze, die haushohen ehemaligen Goldbagger von Dawson-City am Klondike-River, das zur Zeit des Goldrausches zigtausend Einwohner zählte, das Baden in heißen Quellen, mit Blick auf die unendlich weite grüne Tundra mit schneebedeckten Bergen im Hintergrund, die fischenden Bären in den Wasserfällen des Katmai-Nationalpark, den man nur von King Salmon aus mit einem Wasserflugzeug erreicht. Dort gibt es zu Lachssaison etwa 100 Bären, die sich die Bäuche vollschlagen.

Kontrastprogramm zu Mallorca

Zu den unvergesslichen Erlebnissen gehört ein Ausflug in den Denali Nationalpark, zu Füßen des Mount McKinley, mit seinem Reichtum an Wildtieren oder den bis an den Horizont reichenden wilden Rentierherden, der Hafen von Valdez, in dem das Alaska-Öl verschifft wird, Urwälder, die so sauber und unberührt sind und den Eindruck erwecken, als sei man der erste Mensch, der sie betritt, der Genuss köstlicher Wildbeeren, die reine, unverbrauchte Luft und die klaren, kühlen Bäche, aus denen man unbesorgt trinken kann.

Es ist die unendliche Menschenleere eines mehrere Millionen Quadratkilometer großen Landes, das insgesamt nicht mehr Einwohner als die Insel Mallorca hat, die mich fasziniert. So ist Alaska für mich jedes Jahr ein notwendiges Kontrastprogramm, um einerseits der Sommerhitze und andererseits dem Massentrubel von Europas größtem Touristen-Ballungsgebiet zu entkommen. Im August, dem heißesten Monat auf Mallorca, wenn alles Grüne von der Sonne verbrannt ist und das Quecksilber manchmal gnadenlos mehr als 40 Grad im Schatten anzeigt, dann ergreife ich abermals die Flucht und reise für einige Zeit mit meiner Frau nach Deutschland und danach zu den kühlen, grünen Fjorden nach Norwegen. Mit dem Boot fahre ich dann jeden Tag aufs Meer zum Angeln, gehe wandern und Pilze suchen, und gemeinsam mit meiner Frau erkunde ich die wunderschönen Fjordlandschaften.

Eine Million Frikadellen für Mallorca

Wenn auch die Welt lockt, mein Zuhause ist neben Deutschland Mallorca. Dort helfe ich meinen Kindern, meine Firmen zu übernehmen und in meinem Sinn weiterzuführen. Heute ist die Fleischfabrik in Palmas Gewerbegebiet Son Castelló das Herzstück des Unternehmens. 2002 wurde die hochmoderne Anlage in Betrieb genommen. Mit hohem handwerklichem Geschick werden in dem Betrieb pro Jahr rund 800 000 Kilogramm Fleischdelikatessen und Wurstspezialitäten hergestellt. Allein das Sortiment an selbst verarbeiteter Wurst umfasst über 70 Artikel, dazu kommen noch Saisonprodukte und die zahlreichen veredelten Fleischprodukte. Hergestellt werden in der Fabrik aber auch viele Fertiggerichte wie beispielsweise Abel´s Goulaschsuppe, Gyros, Döner Kebab sowie die Rekordzahl von jährlich rund einer Million Frikadellen. In den Kühlkammern lagern zudem aus Deutschland importierte Delikatessen wie beispielsweise Salate und Saucen sowie eine große Auswahl an exquisiten Imbissartikeln.

15 Angestellte arbeiten in der Produktion der Fabrik, weitere zehn sind mit dem Vertrieb, der Logistik und administrativen Aufgaben beschäftigt und garantieren einen reibungslosen Ablauf. Insgesamt beschäftigt die Abel-Gruppe mit den angeschlossenen Gastro-Unternehmen etwa 200 Angestellte. Die Beurteilung der Rohstoffe und der akkurate Zuschnitt von Rind- und Schweinefleisch sind ein wichtiger Teil der täglichen Aufgaben in Abel´s Wurstfabrik. Nur das Schlachten selbst hat das Unternehmen an zuverlässige Spezialisten abgegeben, die stets in der von mir geforderten Qualitäts- und Güteklasse liefern.

So wird das ausgesuchte frische Schweinefleisch täglich aus Girona in Katalonien herantransportiert von einem Schlachthof, in dem täglich bis zu 6.000 Schweine geschlachtet werden. Gewürze, Zutaten und Maschinen werden aus Deutschland importiert. Problematisch ist der Reparatur- und Kundendienst für unseren deutschen Maschinenpark, denn die Wartung und alle Reparaturen müssen notgedrungen von deutschen Technikern durchgeführt werden.

Dreimal pro Woche lasse ich einen Kühllaster für die Importartikel aus der Heimat kommen. Darin befindet sich ein Dreikammer-Kühlsystem, mit dem neben frischer Ware auch Tiefkühl-Kuchen und Backwaren sowie Feinkostkonserven und Dosenwaren angeliefert werden.

Wurstwaren für Luxushotels

Nahmen vor 37 Jahren meine Gastro-Betriebe und Filialen noch 100 Prozent der gesamten Fleisch- und Wurstwaren-Herstellung selbst ab, sind es heute nur noch 30 Prozent. Der Löwenanteil der Gesamtproduktion geht an rund 700 feste

Kunden auf der Insel. Zu ihnen gehören unter anderen die größten Luxushotels wie das „Mariott Son Antem" oder das „Son Vida" und „Valparaiso" in Palma. Dazu kommen weitere Drei- und Vier-Sterne-Hotels.

Die drei firmeneigenen Kühllaster meines Unternehmens beliefern aber auch viele Gaststätten und Restaurants mit Wurst- und Fleischspezialitäten. Abels Wurstwaren bekommt man auch bei Lidl, in den Carrefour-Märkten und demnächst im Alcampo. Dazu kommen noch Dutzende kleinere und größere Metzgerläden auf der ganzen Insel. „Abel´s" Wurstwaren werden aber auch auf das spanische Festland nach Barcelona, Valencia, Pamplona, Girona sowie auf die kanarischen Inseln ausgeliefert.

Mallorca ist für mich neuer Lebensmittelpunkt geworden. Über alle Erlebnisse und Opfer auf dem Weg dorthin könnte man einige Bücher schreiben. Für viele Deutsche allerdings ist die Insel als neue Heimat meist nur ein vergänglicher Traum, der daran scheitert, dass die schönen Visionen schnell von der Realität eingeholt werden.

Für den Durchschnittsrentner ist Mallorca zu teuer geworden. Das gilt gleichermaßen für die Mietpreise wie für die Lebenshaltungskosten, und die deutsche Pflegeversicherung funktioniert auf der Insel noch weniger als in Deutschland.

Arbeiten wo andere Ferien machen?

Bedingt durch die Arbeitslosen-Misere in Deutschland, treibt es auch viele, die eine neue Beschäftigung suchen, auf die Sonnen-Insel. Wenn sie aber erst einmal erlebt haben, dass auf Mallorca zu arbeiten nicht das Gleiche ist, wie dort Ferien zu machen, sieht die Welt schnell ganz anders aus. Die meisten sind dann froh, wieder in die alte Heimat mit deutschen Arbeitsgesetzen, deutscher Krankenversicherung und „Hartz IV" zurückkehren zu können.

Und alle, die sich eine neue Existenz unter der Mittelmeer-Sonne aufbauen möchten, sollten darauf achten, damit den Einheimischen keine direkte Konkurrenz zu machen. Wie das ausgehen kann, habe ich selbst und bei Freunden oft genug erlebt.

Am besten eignet sich Mallorca als neuer Wohnsitz für sehr Wohlhabende oder Zeitgenossen, die es sich leisten können, hier zu leben und woanders die Brötchen zu verdienen. Bedenken sollte man auf jeden Fall, dass vom deutschen Staat im Notfall so gut wie keine Transferleistungen zu erwarten sind, die wurden nach dem Fall „Florida-Rolf" eingestellt.

Gelassene Bilanz

Ich habe bisher Glück gehabt: Trotz Morddrohungen, trotz mancher riskanter Situationen auf Mallorca oder in den USA habe ich überlebt. Die Insel ist mir zur Heimat geworden mit all ihren Fehlern, mit einer geschlossenen Gesellschaft, an deren Rande ich auch heute noch lebe. Es ist mir nur begrenzt gelungen, von ihr als Wahlmallorquiner anerkannt zu werden. Aber man achtet mich inzwischen, weil ich meinen Weg ehrlich und ohne falsche Kompromisse gegangen bin. Mehr als drei Jahrzehnte interessanter Erfahrungen, positiver und negativer menschlicher Erlebnisse, geschäftlicher Erfolge und Niederlagen haben mir Mallorca ans Herz wachsen lassen. Meine Wurzeln habe ich nicht verloren: Ich bin mit meiner Frau Larissa, einer nur noch für mich praktizierenden Ärztin, die Deutschland über alles liebt, gerne in der alten Heimat, aber ich kehre auch immer wieder gerne nach Mallorca zurück. Wer bereit ist, sich auf die Eigenheiten der Mallorquiner einzustellen, dem kann ich nur in ihrer Sprache mit einer für sie typischen Untertreibung zurufen: „Benviguts a sa Roqueta! – Willkommen auf dem kleinen Felsen!"

Rezepte:

Frito Mallorquin
Für 4 Personen, eine deftige Spezialität aus Mallorca nach einem Rezept

von Horst Abel

500 g Herz und Leber vom Schwein oder ein Gelinge, das ist Herz, Lunge und Leber vom Lamm, in sehr kleine Stücke schneiden, verwendet man auch die Lunge, dann sollte sie vorgekocht werden.
50 g Zwiebelwürfel
250 g rote Paprika in kleinen Würfeln
500 g Kartoffeln, klein gewürfelt
6 Knoblauchzehen
50 g Frühlingszwiebeln, klein gehackt sowie
ein kleiner Bund „Hinojo", wildes Fenchelgrün, ersatzweise Dill
4 El Öl oder Schweineschmalz
2 Lorbeerblätter
1 Prise Thymian oder Kräuter der Provence

Und so wird's gemacht:
Die Kartoffelwürfel separat leicht frittieren.
Dann die Paprikawürfel im Öl mit 3 Zehen zerdrücktem Knoblauch anbraten und danach herausnehmen.
Im selben restlichen Öl die mit Pfeffer und Salz gut gewürzten Innereien dazugeben und mit 1 EL Öl zusätzlich und den Zwiebelwürfeln und 3 zerdrückten Knoblauchzehen kräftig anbraten. Zum Schluss das gehackte Fenchelgrün oder Dill, Lorbeerblätter und Thymian dazugeben. Jetzt alles zusammenmischen und fertigbraten und in den letzten 2 Minuten die gehackten Frühlingszwiebeln daruntermischen.

Anmerkung: „Hinojo", also wildes Fenchelgrün, das in Unmengen wie Unkraut auf Mallorca wächst, gehört zu den beliebtesten mallorquinischen Gewürzen und wird allen möglichen einheimischen Gerichten zugefügt. Auch für den mallorquinischen Kräuterschnaps, den „Hierbas", ist wilder Fenchel eine der wichtigsten Zutaten.

Sopa de Matanza
Schlachtfestsuppe für 4 Personen
Ein typisches Gericht zum Schlachtfest, wobei das Wort „Suppe" etwas irreführend ist, denn eigentlich handelt es sich dabei um einen Gemüseeintopf.

3–5 Löffel Olivenöl
1 kleiner Bund Petersilie, grob gehackt
3–4 Knoblauchzehen, klein gehackt
1 Tomate kurz abbrühen, schälen und klein hacken.
1 Paprikaschote in mittelgroße Würfel schneiden
1 Zwiebel in Würfel schneiden
1 Lauchstängel schneiden
1 halber Kopf Wirsing ca. 500 g ohne die harten Außenblätter, oder ggf. auch Weißkohl in mittelgroße Stücke schneiden
200 g Blumenkohl, in Rosen zerpflückt
50 g frische Erbsen TK
200 g Schweinegulaschfleisch in mittelgroße Würfel schneiden
1 Liter Fleischbrühe oder Wasser mit 2 Brühwürfeln
200 g dünn geschnittenes Weißbrot „2 Tage alt"
Gewürze: Salz, süßer Paprika und Pfeffer.

Und so wird es gemacht:
Die Zwiebelwürfel in dem Olivenöl leicht anbräunen, dann

den Knoblauch und nach 5 Minuten die gehackte Tomate dazugeben. Alles zusammen ca. 5 Minuten weiterschmoren lassen. Dann die Paprikawürfel und mit den Gewürzen die Schweinefleischwürfel weiter anbraten. Nach ca. 5 Minuten den Kohl etwas anbraten und alles zusammen ca. 30 Min. köcheln lassen, zum Schluss die Erbsen und den Blumenkohl dazu und nach ca. 5 Minuten alles in eine feuerfeste Form geben, die mit den Brotscheiben auslegt ist, und die Brühe übergießen. Bei kleiner Flamme oder im Backofen bei 170 Grad 10 Minuten ziehen lassen. Vor dem Servieren mit etwas Salz und Olivenöl abschmecken.

Arroz Brut

Für 4 Personen, ein Reisgericht, das wörtlich übersetzt „schmutziger Reis" heißt und das es nur auf Mallorca gibt. Typisch wird es in einer Tonschüssel serviert.

Zutaten:
100–200 g Hähnchen mit Knochen in mundgerechte Stücke hacken lassen
150 g Schweinefleisch – Gulasch in kleine Stücke schneiden
30 g Hähnchenleber
100 g. Zwiebelwürfel
100 g frisch roter Paprika, gewürfelt
2 Lt. Fleischbrühe oder Wasser mit 2 Brühwürfeln
1 kleiner Bund Petersilie
3 EL Olivenöl
4 Knoblauchzehen
1 geschälte Tomate, klein gehackt
100 g runder Reis
50 g grüne Erbsen und grüne Bohnenstücke TK
1 große Zitrone vierteln

Und so wird's gemacht:
Das Fleisch leicht mit Salz und Pfeffer würzen und mit dem Olivenöl und den gehackten Zwiebeln und den Paprikastücken anbraten. Zum Schluss die gehackte Tomate dazugeben und noch 5 Minuten leicht weiterbraten lassen.
Mit der Fleischbrühe auffüllen. Jetzt alle restlichen Zutaten dazugeben und kochen. 7–10 Min. den Reis kernig kochen. Die Hähnchenleber separat kochen und dann im Mörser pürieren, den gehackten Knoblauch und gehackte Petersilie dazugeben und zum Schluss darunterrühren. Aufkochen lassen und dann ggf. mit einer kleinen Prise gemahlenen Nelken abschmecken.
Die Mallorquiner servieren das in einer Ton-Kasserolle. Separat dazu Zitronenschnitzel zum Abschmecken reichen.